ぎんさんが
娘4姉妹に
遺した名言

ぎん言《げん》

ぎんさんの娘4姉妹
取材・文／綾野まさる

小学館

実家の近くで、おしゃべりしながら
散歩するぎんさんの娘4姉妹。

長女
矢野年子（98）

17歳で矢野繁一さんと結婚。夫が他界し、10年ほど前から三女・千多代さんの家に同居。おっとりとした性格だが、ここぞというときには自分の意地を通す頑固な一面も。妹たちから“あんねぇ”と呼ばれ、長女の貫禄も示すまとめ役。姉妹たちの中でいちばんの食いしん坊だが、野菜が大嫌いで、上等の牛肉が大好物。

次女・栄さんは3歳の時に病死。残る4姉妹の年齢は2012年中に迎える満年齢。

三女
津田千多代（94）

23歳で会社員の津田勝さんと結婚。15年前に夫が亡くなった後、長女・年子さんと一緒に住むように。姉妹たちの中でいちばん背が低く、年を重ねてその容姿や物腰が、ぎんさんそっくりに。頭の回転が速く、茶目っ気で人を笑わせ、楽しませる術にたける。趣味は国会中継をテレビで見ること。

四女
佐野百合子 (91)

運送会社に勤める佐野銀次郎さんと24歳で結婚。父親譲りの穏やかな性格で、4姉妹の中では、風通しをよくする潤滑油のような存在。91歳のいまも、買い物には乗り慣れたママチャリで出かける。だが最近は、周囲から「その歳じゃ危ないよ」といわれ、乗るか、乗るまいかと悩んでいる。夫に先立たれてからひとり暮らし。趣味は園芸。

五女
蟹江美根代 (89)

24歳で尚文さんを婿に迎え、蟹江家の家督を継いだ。ぎんさんと80年近く一緒に暮らし、母の生き方から様々な処世訓を学ぶ。それ故、末妹ながら他の3人の姉たちをまとめるリーダー的な役割を果たす。夫は他界。長男の好直さん夫婦と暮らし、孫が3人、ひ孫が3人。趣味は茶道、華道、民踊、切り絵と幅広い。

書が趣味だったぎんさん。亡くなった
108歳の年に書いた「生」という文字が、
いまも蟹江家の居間に飾られている。

愛用の手押し車で散歩する、
在りし日のぎんさん。

ぎんさんが娘4姉妹に遺した名言

ぎん言《げん》

ぎんさんの娘4姉妹
取材・文／綾野まさる

小学館

4姉妹からのごあいさつ

三女・千多代さん「私らが、ぐちゃぐちゃいうたことが、こんな立派な本になるとは思いもよらんことだがにゃあ」

五女・美根代さん「ほんと、私ら、ただの名古屋のばぁちゃんだでね。みなさんのお役に立つのだろうかと思うと、なんだか心もとなくなるがね」

長女・年子さん「そんなことというたら、読んでくださるみなさんに、失礼だがにゃあ。ほら、昔っから〝一寸の虫にも、五分の魂〟という諺《ことわざ》があるがね。私ら4人、合わせりゃ、せめて〝だんご虫〟の気持ちぐらいは、みなさんに、お伝えできると思うだが」

四女・百合子さん「そんな〝だんご虫〟のたわごとじゃ、

読んでもらえせんよ。それよりな、私らがここまで生かされたんは、おっかさんの〝ぎん言〟があったからこそ。それを、なんとしてもみなさんにお裾《すそ》分けしたいがね」

千多代さん「私も、そう思う。おっかさんの言葉がうれしいとき、悲しいとき、苦しいとき、私らの背中をポンと押してくれた。一生懸命に生きたおっかさんの真心が、光ってるからにゃあ」

美根代さん「そうそう。いま、こうやって元気でね、〝100歳からが老後だがね〟と、胸を張っていえるんは、やっぱり、ひとえに母のおかげだと思う」

百合子さん「そいだで、おおいに笑ってもらってね。みなさんにこの〝ぎん言《げん》〟から、100歳まで生きるヒントを見つけてもらえたら、もう、いうことないがね」

年子さん「ええっ、100歳まで……!?　そしたら私は、あと2年しかないだがね」

はじめに

〝人間、五十年、下天のうちを比ぶれば、夢幻の如くなり。一度生を受け、滅せぬ者のあるべきか〟――戦国の名将、織田信長は、人生の儚《はかな》さと無常をこううたった謡曲『敦盛《あつもり》』を好んだが、いまや、人生100年が語られる時代となった。

古今東西を問わず、長寿は人類の果てしない夢である。もし、不老不死の妙薬が発明されたら、それをつくった人は巨万の富を得るだろう。だが、いくら妙薬にありついても、ボケてしまったり、寝たきりの姿では残念である。

いつまでもボケず、自分で自分のことがやれ、大病もせずに長生きできるとしたら……。そんな人々の願望を、より身近に具現したのが、1990年代に一世を風《ふう》靡《び》した〝きんさんぎんさん〟であった。

「きんは100シャア！」

「ぎんも100シャア！」

到来しつつあった高齢化社会の象徴として、双子姉妹の成田きんさん（享年

１０７）と、蟹江ぎんさん（享年１０８）の登場は、全国の人々におおいなる希望を与えた。ふたりは１００歳にして、その才能と元気パワーを花開かせ、テレビに出れば、並のタレントも顔負けの活躍ぶりを見せた。

この双子姉妹の妹、ぎんさんは、夫・園次郎さんとのあいだに、５人の娘をもうけた。次女・栄さんは３歳で病死したが、あとの４姉妹は、元気旺盛《おうせい》で日々を謳歌《おうか》している。

まず、長女・年子さんが98歳、三女・千多代さんが94歳。そして四女・百合子さんが91歳、五女・美根代さんが89歳。４人の年齢を合算すると３７２歳で、平均年齢は93歳ということになる。

〝きんさんぎんさんブーム〟から20年の歳月を経て、４姉妹は長寿に恵まれ、揃って腰も曲がらず、総じていうなら〝チャーミングなおばあちゃん〟。健康そのもので、とにかく仲がいい。

姉妹たちは全員、愛知県名古屋市内に住んでいる。五女の美根代さんは蟹江家を継ぎ、ぎんさんと一緒に暮らしたが、他の３姉妹は、この実家から、歩いて10分ほどのところに住んでいる。姉妹たちは、ほとんど毎日のように実家に集まって、お茶を飲みながら世間話に花を咲かせる。
百合子さん「あんなことあったと、こんなことあったと、昔話になったら、もう止まらんようになる。けどな、4人が集まってぎゃあぎゃあ笑うのがええの。笑ってしゃべること。このおしゃべりがいちばん体にいい」
千多代さん「そう、大声で笑い合うとにゃあ、腹の筋肉を使《つこ》うて、ええ運動になるがね。散歩するのとおんなじくらい、ええ運動になるよぉ」

そんな4姉妹は、互いを思いやり、切磋琢磨しながら「日々、これ好日」を見事なまでに実現している。いったい、何がこの姉妹たちの背中を押しているのか。

その根源に思いを馳《は》せると、そこには、母・ぎんさんの類希《たぐいまれ》ともいえる〝教え〟があった。明治、大正、昭和、平成と、4つの時代を生き抜いたぎんさんは、数々の名言を遺していた。その〝金言〟ならぬ〝ぎん言〟には、くすりと笑わせ、ときにはズシンと重みのあるセリフが光る。4姉妹は、人生の節目、節目でこの〝ぎん言〟を思い出し、生きるうえでの糧《かて》としてきた。

「私ら4姉妹は、100歳からが老後だがね」

そう口を揃えていう姉妹たちは、母親譲りの気概に溢れて、いまを生かされていることに感謝しながら、苦しいことや悲しいことも〝笑い〟というオブラートで包む。古い諺《ことわざ》で恐縮だが〝笑う門には福来たる〟という。

高齢化社会は、これからますます拍車がかかるだろうが、手をこまねいているだけでは、あたら人生の時間が無駄になる。ボケない、病まない、甘えない——老いを迎える誰もが望むこの「三ない」を実践している4姉妹には、母・ぎんさんから受け継がれた〝生きる秘訣〟が光る。おおいに笑いながら、人生の妙と、生きるパワーを見つけていただけたらと思う。

綾野まさる

目次

第2章／大切な人を亡くした4姉妹への〝ぎん言〟

第3章／百歳を過ぎてからも輝くための〝ぎん言〟

第4章／百歳までボケないための食事&生活習慣

装丁／細山田デザイン事務所
撮影／浅野剛、長谷川聖
表紙題字／蟹江ぎん

第1章

嫁《とつ》ぐ4姉妹に授けた〝ぎん言〟

「時節ちゅうもんは、正直もんやな。春は春、夏は夏の風のにおいを運んでくる。ほんに、自然は嘘つかんにゃあ」

昼下がり、妹の家を訪ねてきた四女・百合子さんが空を見上げた。

「そりゃあ、季節は嘘つかんでぇ。あんたみたいに、へそ曲がりと違うとるわ」

五女・美根代さんがすかさずいうと、

「また、そんなこというけど、おみゃあさんの性格も同じくらい曲がっとりゃあせんか」

百合子さんが応酬《おうしゅう》し、縁側で向き合った姉妹は、キャハハハと体を揺するようにして笑い声を上げる。

煎餅をかじりながら、ふたりがしゃべり合っていると、玄関の引き戸が開いて、やってきたのは、長女・年子さんと三女・千多代さん。

「お昼にな、こん人（千多代さん）が作ってくれた〝いか大根煮〟を食べたら、これがくどいのなんの。ああ、のどがひりひりする」

そういうと、年子さんが湯飲みのお茶を立て続けに2杯飲んで、ハー、フーとひと息ついた。年子さんと千多代さんは、互いに助け合ってひとつ屋根の下で暮らしている。日中、ふたりで食材の買い出しに行き、千多代さんが〝おさんどん（台所仕事）〟をすることが多い。

「あんねぇ（年子さん）は食べる人でええんが、少しはつくる人の身になってくれて、感謝もしてくれんとな」

妹の千多代さんが、姉を眺めて苦笑すると、年子さんが正座をして両手を合わせた。

「これはこれは、ご無礼をしました。これからは何でもおいしゅう、いただかせてもらいます」

平均年齢93歳の４姉妹は、どんなときも屈託がない。いいたいことをいい合える。他人だとそうはいかないが、姉妹だからこそ許されるコミュニケーションだろう。

そして４姉妹は、何より健康に恵まれ、病気知らずだ。

年子さん「病気したことって、なんもありゃせんな」

百合子さん「ありゃせん。入院なんてしたことないよ」

美根代さん「なんで入院せにゃならんの。ああ、こないだ買い物行くとき自転車こいどったら、転んだことがあったわな。まだ、腰が痛い」
千多代さん「そりゃあ、風邪はな、人並みにひくよ。うーん、最近はな、ちょっと物忘れがひどうなった。昔からわしは頭が悪いからね。そればっかりはなかなかなおらん」
百合子さん「こないだ、お医者さんに聞いたら、年とるとな、脳みそが小さぁなるんやって。そいだから先生が〝本を読みなさい、新聞読みなさい〟いうから、毎朝な、新聞をスミからスミまで読むようにしとる」

普通なら、90歳を超えた姉妹であれば、車いすのお世話になる人がいても不思議ではないのだが……。

年子さん「そりゃあ、表を歩くときは、たまには手押し車を使うけどにゃあ、杖は使わんな」
美根代さん「杖なんか、持っとりゃあせん。あんなのついたら、みっともないがね。それっちゅうのも、母の口癖がね、〝人間はな、足から死んでいく。そいだから足を使《つこ》うて、足を大事にしろ〟って、そりゃあしつこいくらいいわれたがね。その教えを守ったから、4人とも、この年でもシャンシャン歩ける。やっぱり、母の教えは絶大ですよ」

姉妹たちは毎日のように実家の蟹江家に集まって、茶飲み話に花を咲かせる。その話に耳を傾けると、ぎんさんが娘たちに授けた言葉が節々に生きていることがわかる。彼女たちがいま、元気で、幸せいっぱいに長生きしていること――それは母の教えと決して無縁ではない。

ぎん言❶

日暮れ、腹へれ、夜長なれ

4姉妹は全員が大正生まれ。子供のころの記憶は80年以上前になるが、姉妹たちはまるで昨日あったことのように話し出す。

千多代さん「わしら子供のころは、日本がまだ貧しかったでな。うちは農家やったから、そりゃあ、6つか7つのころから、畑に出て草取りなど手伝っとった」

年子さん「当時はな、子供ちゅうても、なくてはならん、大事な働き手だったがね」

時代は大正・昭和初期に遡《さかのぼ》るが、このころの小学校は尋常小学校と呼ばれ、いまと同じ6年制の義務教育だった。その後の進路は、高等小学校（2年制で現在の中学校にあたる）への道はあったが、大半は奉公などに出て就職するか、家業を手伝うというのが一般的だった。蟹江家では、長女の年子さんと三女の千多代さんは、尋常小学校を卒業すると進学をあきらめ、家業を手伝った。

美根代さん「ふたりの姉たちが家のことやってくれたんで、私と百合子は高等小学校まで行くことがでけた」

百合子さん「それで私らは、卒業してから郵便局で働けるという道が開けた。そりゃ、こん人はな（千多代さんを指して）、家のために犠牲になって働いた。おっかさんも感心するくらい、そりゃ、朝から晩までよう働いた」

千多代さん「あんねぇ（年子さん）は早くに結婚して外に出たで、いちばん家の仕事をしたのはわし。朝はな、日の出とともに野良に出て、おっかさんと一緒に畑仕事。盆も正月もなかった。いまの子たちにはできやせんわな。

んだで、顔も手も足も、そりゃあ、まっ黒に日に焼けてな、健康美人やった。そいだからいまでも、４人の中で私がいちばん色が黒い（笑い）」

そんな千多代さんの胸には、母・ぎんさんのこんな言葉が染《し》みついている。

《日暮れ、腹へれ、夜長なれ》

ぎんさんが自分の体験から娘に教えたこの金言、いや〝ぎん言〟には、ところどころ言葉が省略されている。それを補うと、こういう教訓になる。

「日が暮れるまでよく仕事をすれば、腹がへって食事がおいしいし食欲旺盛になる。そして夜もぐっすり眠れ、明日への気力が養える」

ぎん言 2

娘を下手に育てたら、笑われるのは、母親の私だがね

1932年（昭和7年）、蟹江家では、農業のかたわら養鶏業を始めた。三女・千多代さんが14歳、四女・百合子さんが11歳のときだった。

百合子さん「大きなニワトリ小屋が6つ、7つ並んどって1000羽はおったな。この世話がてゃーへん（大変）でな、糞もかかなあかん、餌もやらなあかんでしょ。学校から帰るとな、おっかさんと一緒に、産んだ卵を集めるんだけど、これが1日に何百個という卵じゃからな。そりゃあ、もうてんてこまいだったがね」

トウモロコシやきびなどの餌は当時、中国大陸から南京袋《なんきんぶくろ》（麻糸で織った袋）に入れたものが輸入され、安く手にはいった。

年子さん「これに魚のあらを混ぜてなあ。この餌がえぇでね。黄身の濃いええ卵を産むもんで、注文がわんさか来てな。おっかさんは、〝うわーっ、儲かった、儲か

った〟と大喜びじゃったわ」

美根代さん「けんど、明け方からコケコッコー、コケコッコーでしょ。そりゃあ、うるしゃあわ。それにな、毎日、お弁当のおかずが卵焼き。あのころでは贅沢だったけど、ほんと卵に飽きてしもうたがね。そいでな、母（ぎんさん）もな、好き嫌いはほとんどなかったが、見るのも嫌になったのが卵。ゆで卵も目玉焼きもオムレツも、亡くなるまで手えつけんかった（笑い）」

ぎんさんは、４人の娘たちの躾《しつけ》には、ことのほか厳しかった。

実りの秋の収穫期——千多代さんが数えで11歳、長女の年子さんが15歳、そしてぎんさんが37歳のころ。

年子さん「家の前の空き地に、むしろを敷いて、脱穀したもみを箕《み》に入れて、それをふるって、ゴミや石などをより分ける仕事をせにゃいかん。〝なんで子供にこんなことさせるんやろ〟とぶつぶついっとったら、そこへビューンと〝爆弾〟が飛んできて……。何事が起きたのかと思うた」

いい加減な態度で仕事をしている娘たちに怒ったぎんさんが、自分の持っていた箕を投げつけたのだった。

娘たちは、「ごめんなさい、これから一生懸命やりますから許してください」と、両手をついて謝るまで許してもらえなかった。

ぎんさんが厳しくするのには理由があった。当時は、農家に嫁いだら、〝嫁は子供にかまう暇があったら働け〟という時代。子育ては姑まかせという風習があった。ところが、ぎんさんが姑に仕えたのは、結婚してから5~6年間だけ。その後、姑は、ぎんさんの夫・園次郎さんの弟家族と同居することになったからだ。

百合子さん「それだで、娘たちを姑まかせにしておけん。女の子は、よそさんにもろうてもらわないかんでしょ。だから、おっかさんは、あんなに私らに厳しくしたんだと思うにゃあ、いま考えてみると……」

《娘を下手に育てたら、笑われるのは、母親の私だがね》

これが、ぎんさんが娘たちに向き合うときの確固たる信条となったのだった。

ぎん言❸

人間ちゅうもんは、自分の足で歩いていくよりしょうがない

そんな厳しい母親の盾になってくれたのが、父親の園次郎さん（1968年死去、享年81）だった。というのも、園次郎さんは男ばかりの兄弟だった。そのため女の子が珍しくて、4人の娘をそれはかわいがった。

美根代さん「なんでかっていうたら、〝母親が厳しくしとるのに、それに輪をかけて父親が同じこととしたら、おまえたち小さな子は、心のやり場がなくなるだろ。そやから、わしは黙って見守っとる〟、だいぶたってからな、父親がそう話してくれたことがあった」

千多代さん「いまの若い夫婦を見とると、子供に対して父親も母親も甘やかすか、

父親も母親も厳しくするかのどっちかだがね。そりゃ、子供も育たんと思うわ」

もちろん、ぎんさんも厳しいばかりではなかった。五女・美根代さんが7歳くらいの秋のこと。4姉妹は共謀して、母に対して一計を案じたことがある。

美根代さん「いまはのうなってしまったけど、庭の隅に大きな大きな無花果《いちじく》の木があってな、屋根まで枝が届いてた。ある日、台所のあとかたづけがいい加減だとかで姉さんたちが叱られて……。夕食が終わった後に、〝もうおっかさんと顔を合わせたくない〟って、4人でその無花果の木のてっぺんに隠れたんよ」

しばらくたってぎんさんは、娘たちがいないことに気づいてうろたえた。あっちこっちをいくら捜《さが》しても、娘たちの姿が見えない。

「おーい、どこへ行ったんじゃ。出てこいよ〜」

夜が近づくなか、庭や田んぼ、畑で一生懸命、声を上げて子供たちを捜すぎんさん。その必死な母の表情を見て、子供たちは胸を詰まらせた。

「おっかさん！　ここだよ」

驚いたぎんさんは、無花果の木を見上げた。4人の娘たちはこっぴどく叱られることを覚悟したが、ぎんさんは何もいわず、ホッと胸をなでおろしていた。遠い日の珍妙な母と娘の〝かくれんぼ〟……。４姉妹にとって、いまは、ただなつかしい。

長女・年子さんの記憶によれば、幼いころの蟹江家にはまだ電灯はなく、ブリキ缶に菜種油を入れ、芯に火をともすランプが暮らしの明かりだった。

やがて電気や通信、鉄道が全国的に敷設《ふせつ》されるようになり、蟹江家に電灯がともったのは、年子さんが5歳のとき。つまり、１９１９年（大正8年）、いまから90年も前のことになる。

年子さん「父親の弟がな、電気会社に勤めてたんで、そいでうちは早うに電気がござった。いまみたいに、蛍光灯なんてありゃすか。一軒にな、裸電球がひとつと決まっとったがね」

たったひとつの裸電球をあっちこっちの部屋に移動させながら使ったのだという。

美根代さん「昭和5年ごろまでそんな具合だった。いまは〝節電〟ちゅうとるけど、あのころ思うたら、バチ当たるでな」

そんな一家にとって、家族がホッとひと息つけるのは、夕食後のひとときだった。家族は裸電球の下で、夜なべをしながら語り合うのが常だった。

千多代さん「あんころの夜さり（夜）は、ほんと平和だったにゃ。おっかさんとわしら姉妹は、地元に伝わる〝有松絞《ありまつしぼ》り〟っちゅう染め物の下作業をやりながら、その日にあったことを、ペチャクチャ語り合った」

百合子さん「父親は縄をなったり、草履《ぞうり》を編んでらした。それで親が、子供たちの話をとことん聞いてくれた。だから、ちゃんとわしらが何を考えとるか把握できとったように思う。本当の意味で、家族の団欒《だんらん》があったわな」

この〝夜なべの団欒〟を終えるのは、たいてい午後10時ごろだった。朝は日の出とともに起床しており、昼間の疲れが出て、姉妹たちはコックリ、コックリとなるころだ。

だが、三女の千多代さんだけは、他の姉妹と様子が違っていた。みんなが眠りについても、千多代さんは布団にもぐりながら、読書と勉強に余念がなかった。

そのころ、千多代さんは14歳。尋常小学校を出た後は進学せず、家の仕事に専念していた。姉は早くに結婚し、ふたりの妹は尋常小学校に通い、卒業後、高等小学校に進学することが決まっていた。

「なんで、わしだけ家の仕事ばかりせにゃいかん」

そんな思いに駆られそうになった千多代さんを奮い立たせたのが、母が日ごろから口にしていた言葉だった。

《人間ちゅうもんは、自分の足で歩いていくよりしょうがない。できることは、ぜんぶせにゃいかん。甘えちゃいけません》

千多代さんは、家の仕事をこなしながら、達成できる夢を探した。

千多代さん「私は負けず嫌いだから、勉強で負けとうなかった。新聞で『早稲田の講義録（早稲田大学が発行していた通信講座。尋常小学校の卒業者を対象に、家庭での中等教育を広めた）』ちゅうもんを見つけて、始めたんだわ。結局、それで仕事になったわけじゃにゃあけど、英語も算術もやって、保母さんの資格もそこでとったにゃあ」

講義録にかかるお金は、養鶏の稼ぎから捻出した。千多代さんには、ぎんさんから「勉強しなさい」とも「頑張れ」ともいわれた記憶はない。

千多代さん「おっかさんは講義録をとることに、〝いい〟とも〝悪い〟ともいわなんだ。でも、陰では応援してくれとったと思うよ。私が寝不足で、昼寝しすぎて仕事に遅れることがようあったけど、そんときはおっかさんも知らんぷりしてくれたからにゃあ」

平和な暮らしを送っていた蟹江家――しかし、4姉妹が20代にさしかかるころ、戦争の足音が近づくようになる。

ぎん言④

おなごちゅうんは、操を守らんといかん

４姉妹が乙女時代を送ったのは戦前の１９３０年〜40年代。昭和１ケタから10年代ころのことだ。ぎんさんの厳しい躾で礼節をわきまえるようになった姉妹たちは、やがて思春期を迎えた。

千多代さん「いまの子はませとるが、わしらの時代は子供のうちに恋愛なんてありゃせんがね。女のしるし、初潮もいまより４〜５年遅かったなあ。私は16歳のときやった。そりゃあ、びっくりしたよ」

年子さん「わしらのころは、下着はまだ腰巻きでな。それが真っ赤になって。けがもせんのにどうしたんだろうって、そりゃあ驚いた。そいで、〝おっかさーん！〟って騒いだら、母が〝おめでとう〟いうて。手当ての仕方をな、丁寧に教えてくれただが」

千多代さん「そうそう。けど、何がめでたいのかわからんかったから、やっぱし、うぶだったんだにゃあ」

当時は、いまのように学校で性教育をすることはなかった。情報がないから、ふたりが驚いたのはもっともである。

美根代さん「姉さんらとちごうて、私らのころには、学校で女の子だけが集まって、先生に教えてもろうたから、びっくりはせなんだよ」

こうして姉妹たちは、女としての季節を迎えたが、当時は〝恋愛〟など考えられない世情だった。

百合子さん「男の人と話をするぐらいはええが、腕を組んだり、どっかへふたりで遊びに行こうもんなら、〝あれはふしだらな娘や〟ちゅうて、たちまち悪い噂が広まった」

千多代さん「そりゃ、恋愛しとる人もあったけど、うちの母親は、そういうことに厳しかったよ」

昭和10年代、名古屋市南部では、夕食がすむと、娘たちが一軒の家に集まり、地元に伝わる絞り染め「有松絞り」の作業をしながら歓談するという風習があった。

これを、当時は〝夜遊び〟と呼んだ。

美根代さん「なんでかいうと、そこへ相手を物色しようとしてね、近所の若い男衆たちが遊びにくるの。ほんだで〝夜遊び〟っていったわけ。早い話がいまの〝合コン〟だがね」

百合子さん「それで意気投合していい仲になり、ゴールインする人もおったけど、私ら姉妹は、母親が目ぇ光らせとった。有松絞りの作業も自宅で家族だけでやっとったから、夜遊びはどだいよう行けんかったわ」

そんなぎんさんは、娘らにこういうのが口癖だった。

《おなごちゅうらんは、とにかく〝操（貞操）〟を守らんといかん。ちゃらちゃら、でれでれするんでにゃあよ》

ぎんさんは、娘たちの身だしなみにもうるさかった。

美根代さん「私が18歳になったころ、スカートをはくようになったけど、この長さがな、ひざっ小僧から10㎝下までないと怒られた。ミニスカートなんてとんでもない、それが当たり前の時代やった」

コラム

ああ、65年前の1枚の写真

美根代さん「こないだな、近所の親戚から〝こんなの出てきた〟ってもらったんだわ」

セピア色がかったその写真には、髪を文金高島田《ぶんきんたかしまだ》に結った花嫁姿の美根代さんが、新郎と並んで緊張した面差しを浮かべている。美根代さんが結婚したのは１９４７年（昭和22年）11月3日。当時24歳で、実に65年も前の写真になる。

「あんれぇ、これが美根ちゃんかいな。まるでいまとは別人やなあ。まるでダイエットのテレビＣＭの〝使用前〟と〝使用後〟だがね」

百合子さんが茶化していうと、すかさず美根代さんがやり返す。

美根代さん「なにいうとるがね。あんたかて、いまは正真正銘のしわくちゃばぁさ

んや。だけんど、こんな時代があったなんて、夢かなんかの話みたいだにゃあ。姉さんらは結婚のときの写真持っとる?」

老眼鏡をかけ、写真をのぞきこんでいた千多代さんが顔を上げていった。

千多代さん「ある。けんど、見せるのは恥ずかしいがね。それにな、あのころはな、結婚ちゅうてもうれしいことばかりじゃなかったがね」

千多代さんの目が細くなった。１枚の写真を囲んで、4姉妹の時間は、遠いあの日で止まったかのようになった。

ぎん言5

いったん家を出たら、どんなことがあっても辛抱せにゃあいかん

時代は、いまから80年以上前に遡る。1931年（昭和6年）、日本の陸軍部隊（関東軍）が中国・東北部の鉄道を爆破し、満州事変が勃発。家族の団欒《だんらん》にも暗い影が差すようになる。長女・年子さんが結婚したのはその年の3月、17歳のときだった。

嫁ぎ先は、蟹江家の親戚筋にあたる京都の家だった。

年子さん「見合いもなんもありゃすか。そんころの結婚はな、親と親とが話し合って決めるで、ハイというしかにゃあ」

いざというとき、頼りになるのは親族だけという時代。親族間の結びつきを絶やさないようにするため、いとこ同士で結婚することも珍しくなかったという。

年子さん「家を出るときはおっかさんとふたりでな、汽車に乗って４時間も揺られて京都に着いた。相手は、それまで顔を見たことも、話をしたこともない人。いまと違って京都はものすごく遠い土地で、話す方言も聞き取れん。そりゃあ、心細かった。家族とも今生《こんじょう》の別れという感じで、泣く泣く嫁に行ったことを覚えとる」

いまの私たちには理解できそうにもない、理不尽ともいえる結婚だが、このころは、親が〝婚活〟するというのが当たり前だったのだ。

美根代さん「ああ、それで思い出したことがある。そんころはな、私らはまだ、尋常小学校に行くにも、普段の暮らしでも着物やった。そしたらな、ある日、嫁《とつ》いだあんねぇ（年子さん）が、私と百合子に洋服を買って送ってくれたの。洋服なんて、そりゃあ初めて着るでしょ。嬉しくって感激してね、〝姉さん、ありがとう〟ちゅうて、その洋服を抱きしめて寝たよぉ」

遠く離れた土地で、妹たちのことを思いやる年子さんは、洋服に精一杯の気持ちを込めたのだった。

年子さん夫婦は京都で３年暮らした後、親族の多い名古屋市内へ帰ることになる。三女の千多代さんの結婚は、それから７年がたった’41年（昭和16年）、彼女が23歳の春のことだった。

千多代さん「私の叔母さんが仲人になってな、叔母さんのうちで見合いすることになったの。けんど私はね、家業を手伝いながら暮らす生活が好きだったし、結婚なんてしたくなかった。もう、どうでもいいやって感じで、普段着のまんま、化粧もなんもせんで叔母さんちに行ったんよ」

そんな千多代さんの脳裏に、いまも鮮やかに焼き付いている場面がある。

お見合いの日、千多代さんはひとりで家を出て、電車で3駅先にあった叔母の家に向かった。駅を降りて歩いている途中、名鉄電車の踏切に差しかかった。

千多代さん「遮断機がな、チンチン、カンカンと鳴って、電車が通り過ぎるのよ。けどな、この踏切を渡ったら、見合いをして、私の人生が決まってしまう。後戻りはできんくなる。なんかやるせなくなってなあ。渡ったらええか、渡らんほうがええか——そりゃあ、足踏みしながらいくつもの電車を見送って思案したがね」

そんな千多代さんの背中をポンと押したのは母親・ぎんさんだった。

千多代さん「ここで行かなんだら、母に叱られてえらいことになる。母親の顔がチラチラ浮かんで、そいでな、え〜いといって、とうとう踏切を渡ってしもうた」

こうして見合いの席にやってきた千多代さんを見るや、仲人役の叔母さんの目はテンになった。

千多代さん「叔母さんがな、なんでそんな見苦しい格好で来たちゅうて怒ってな。それから白粉《おしろい》を塗ったり、髪を結ったりしててんやわんや。そいで見合いになったんだけど、恥ずかしゅうて、とうとう相手の顔もよう見んと、顔を下げたままで終わりました、ハイ」

そのころの自分を思い出して、千多代さんは顔をくしゃくしゃにして笑った。そんな千多代さんの耳に、いまもこびりついているのが、母がいみじくもいった、こんな〝ぎん言〟だった。

《おなごはな、いったん家を出たら、どんなことがあっても辛抱せにゃあいかん。あんばようやれよ（上手に立ち回れ）》

そう娘たちに伝えたぎんさん自身も、親が決めた見合い結婚だった。

年子さん「あるときな、おっかさんがこういうたことがあった。見合いで初めて男ん人に会ったときは、オオカミが前にいるみたいにおそがい（怖い）思いが先に立ったって（笑い）。だけんど、女はいっぺんは結婚せにゃあいかん。よそさんのご飯をもろうて暮らしを立てるのだから、女はな、辛抱のうえに辛抱だよって。私が京都に嫁ぐとき、そう教えられたがね。父親は〝いつか戻ってこいよ〟といってたけど、おっかさんはそら厳しかった」

愛知県、とりわけ名古屋は全国的に見ても、豪華な結婚式を挙げることで有名だ。遠い京都へ嫁いだ長女・年子さんの祝言《しゅうげん》こそ控えめだったが、三女・千多代さんの祝言はそれは盛大なものだった。

千多代さん「嫁入り道具はたんすが2棹《さお》、それに長持《ながもち》（収納箱）、鏡台に裁縫板、お針箱にふとん、そいから着物など、トラックに2台分。見事なもんだったよ」

そして、親族が会しての宴が開かれ、ドンチャカ、ドンチャンと、飲めや歌えの祝いの膳は夜遅くまで続いた。

百合子さん「うん。そうやったな。けど、私のときは、そんなのできんかった。戦争の時代になったからね、なーんもなしの結婚式だったわ」

'41年（昭和16年）12月8日、日本はハワイの真珠湾を攻撃して太平洋戦争へと突入。時代は暗いトンネルをくぐり始めた。百合子さんが結婚したのは、その戦争が熾烈《しれつ》を極めるようになった'44年（昭和19年）12月のことだった。

百合子さん「若い男の人はな、徴兵制でみんな兵隊にとられて、残っとる人はきゃしゃな人とか、体の弱い人ばっかりになった。そしたら、たまたま戦地から一時戻った人がおってな、叔母のすすめで慌てるようにして見合いをすることになったがね」

こうして百合子さんは、24歳で名古屋市内の佐野家に嫁ぐことになった。

美根代さん「昔はな、女は24歳になると、結婚適齢期のぎりぎりだった。だから、私も戦後の'47年（昭和22年）に24歳で、婿になった夫と見合いした。女性はたいがいが20歳ぐらいで嫁に行ったから、25歳を過ぎるとね、近隣からは白い眼で見られる。いまでは考えられん時代やったなあ」

婿を取った美根代さんこそ残ったものの、戦争という時代の中で、長女、三女、四女と3人の娘を他家へ嫁がせた母親・ぎんさん。娘たちには厳しい覚悟を伝えたが、ひとり、ふたりと家を離れていくたびに、蟹江家は静かになっていった。ぎんさんは、娘たちの幸せを願いながらも、内心は、ぽっかりと穴が開くように寂しかったに違いない。

ぎん言 6

悪いのはあの人たちでにゃあ。戦争だがね

1937年(昭和12年)7月7日、中国の盧溝橋《ろこうきょう》で日中両軍が衝突し、日中戦争が勃発。翌年には国家総動員法が公布され日本は戦争という暗いトンネルにはいっていった。中国大陸からのニワトリの餌も途絶え、ぎんさんの家では、養鶏業をやめざるをえなくなった。

そして'41年(昭和16年)12月8日、日本はハワイの真珠湾を奇襲攻撃し、太平洋戦争へと突入していった。この戦時下、ぎんさんの心はいたく傷ついた。

というのも、双子でライバルのように競っていた姉・きんさんは、夫・良吉さんとの間に4男7女をもうけ、この戦争で長男と次男を中国大陸の戦地に送ったが、ぎんさん夫婦は男の子を授からなかったからだ。

百合子さん「私らが結婚する前は、そりゃひどい目におうた。男はお国のためにと

兵隊に出せるが、うちは女の子ばっかりだったでな。世間からはそりゃ白い眼で見られた」

太平洋戦争では、最大で７００万人以上の徴兵が行われた。夫や子供、父親が戦争に駆り出され、多くの家庭はつらい思いをした。そんななか、女ばかりのぎんさん一家は周囲から浮くようになり、疎《うと》んじられた。

美根代さん「道を歩くだけで、非国民といわれたがね。おっかさんも、〝お前さんとこは女ばかりだで、人手が余っとるやろ〟と、皆が嫌がる消防団の仕事や婦人会の仕事を次から次へと押しつけられた。畑で細々と野菜をつくっとったが、当時は供出《きょうしゅつ》というて、国に出さないかん。それもうちは、よそより余計に出せぇっていわれただが」

ぎんさんはそんなときでも、ただ黙ってじっと耐えていた。

年子さん「そりゃあ、おっかさんは悔しい思いでいっぱいだった。地団駄《じだんだ》みたい気持ちだったが、《悪いのはあの人たちでにゃあ。戦争だがね》といって黙って耐えてござったよ」

ぎん言❼

年寄りのいうことがわかってこそ、嫁として一人前

ぎん言❽

戦争は、とろくしゃあ。なんの得にもならん

戦争の暗雲は重くたちこめ、庶民にも経済統制の波が押し寄せ、生活必需品の配給制が本格化することになった。

百合子さん「米穀通帳を持って配給を受けるんだが、米がね、ひとりにつき、1日1合もらえたらいいほう。そのうち、その米も手にはいらんようになって食いものがない。そりゃあ、困ったのなんの」

千多代さんと百合子さんが結婚したのは、戦時中のこと。ふたりとも、名古屋市内に嫁いだ。それぞれが嫁として、主婦として、一家の食糧を確保するために奔走することになった。

千多代さん「もう毎日のようにな、農家にさつまいもを買いに行くのが仕事。そいだけど、あのころはお金があっても、物が手にはいらん時代でにゃあ。知り合いか、誰かの紹介がないと売ってもらえんかった。そいだでどうにかツテを頼ってな、足を棒にして〝おーい、いもぉ、いもぉ〟ちゅうて探し回ったがね（笑い）」

百合子さん「〝いもを訪ねて三千里〟だがね。私も終戦の1年前に結婚して、同じ苦労をした。ほんの少しの米に、いもや葉っぱを刻んで炊《た》いて、それが常食。毎日、いもばっかりでしょ。胸やけがして、おまけにプー、プーとおならが連発してな、ほんと嫌んなっちゃったがね（笑い）」

徴兵制で大勢の若者が戦地に赴いたが、幸いなことに千多代さんと百合子さんの夫は兵役を免れた。しかし、戦時中に嫁いだふたりの新婚生活は、決して甘いものではなかった。百合子さんは、夫の両親とは別々の暮らしだったが、千多代さんは同居だった。前述したように、食糧難による買い出しにあくせくしながら、千多代さんは〝嫁姑関係〟にも頭を悩ませねばならなかった。

千多代さん「そりゃあ、嫁いびりされたよ。きぃつい姑さんでな。買い出しがあんばよういかんと、〝どこをうろついてきたきゃあ〟いうて怒鳴られる。掃除ひとつにしても〝そんなやり方じゃ、埃《ほこり》をまき散らしとるでにゃあきゃあ、いい加減にしろ〟ってな、することなすことに嫌味いわれた」

だが、千多代さんはめげなかった。心の支えになったのは、結婚する前に母親・ぎんさんから聞かされたこんな言葉だった。

《姑のいうことも、道理に合わんことばかりじゃない。年寄りのいうことがわかってこそ、嫁として一人前だで》

そう娘に諭《さと》したぎんさん自身も、姑の小言に身を揉んだ経験があった。

年子さん「おっかさんも姑にいびられたと、よくいっておった。あまりにもきついんで、風呂敷かついで、夜中に実家に帰ろうと思うたが、家の裏を流れる川のそばでな、泣いて耐えたと。でもその経験があったから、戦争中のいじめにも黙って耐えられたんだがね」

千多代さん「そいだで私も、おっかさんの言葉を思い出して我慢したよ。馬耳東風《ばじとうふう》とかいうじゃろう。そうするうちにな、姑さんの小言もな、念仏のように聞き流せるようになったがね（笑い）」

だが、戦争は泥沼状態となり、本土への空襲が始まった。'44年（昭和19年）から翌'45年（昭和20年）の8月までに、名古屋市周辺への空襲は50回を超え、死者8000人、負傷者は1万人を数えた。

美根代さん「そりゃ、おそぎゃあ（怖い）がね。毎日逃げ回っとった。一度はな、わしんちに焼《しょう》夷《い》弾がバラバラ落ちてきてな。屋根を突き抜け、畳を貫いて、縁の下の地面深く突きささった。でも爆発せんで、助かったがね」

'45年5月14日の空襲では、名古屋のシンボルであった名古屋城が炎上。そして8月15日、太平洋戦争は終わりを告げた。〝非国民〟とののしられ、理不尽な仕打ちを受けたあの戦争。その体験からぎんさんは、娘たちにこんな〝ぎん言〟を遺した。

《戦争は、どんな理由があってもしてはいかん。あんなとろくしゃあ（馬鹿馬鹿しい）ことにお金をいっぱい使うて、なんの得にもならん。戦争は、じぇったい反対だぁ》

ぎん言 9

子供にはかなわん。だけんど、子供は宝じゃ

経済的な事情もあり、上3人の娘を年の順に嫁がせていったぎんさんだったが、末娘の美根代さんに婿養子をもらい、蟹江家の家督を継がせたのは1947年（昭和22年）11月のこと。戦後民主主義という合言葉のもとに、日本はなんとか敗戦から立ち上がり、ヨチヨチ歩きを始めていた。

そんななか美根代さんは身ごもり、翌'48年（昭和23年）8月、長男・好直さん（64歳）を出産。ぎんさんにとっては5人目の孫で、初めての内孫だった。さらに'49年（昭和24年）、美根代さんは再び妊娠したが、これが子宮外妊娠とわかった。百合子さん「美根ちゃんは妊娠3か月のときに手術を受けて、流産してしまったんだわ。その術後の経過も悪うてなあ、手術のあとが化膿して、またもう1回、手術することになった。生きるか死ぬかの瀬戸際になったがね」

入院して20日間ほど、美根代さんは生死の境をさまよい続けたという。

年子さん「そいで、あんた（千多代さん）がなんとしても美根ちゃんの命を助けんといかんちゅうて、私を呼んでな。１日おきに交代で〝早う治れ、治れ〟ちゅうて神様に願かけてな、夜もろくに眠らんと介抱したがね」

当然、幼い長男の世話もままならず、姉たちが母親代わりを務めてくれることになった。美根代さんの夫は建築会社に勤め、日夜休まず働く身。妻や子供が病気でも、夫は生計を立てるために働き、その他の家族が手助けするのが一般的な時代だった。

しかし、ちょうどそのころ、１歳になった好直くんが深夜に高熱を発して肺炎の症状に陥《おちい》った。

千多代さん「ちっちゃい赤ん坊がハーハー、フーフーちゅうて息をあえがせてな。こりゃ、なんとかせんとあかんちゅうて、私とあんねぇ（年子さん）とで一睡もせんと看病しただが」

年子さん「タオルを熱湯につけて、赤ん坊の胸から腹あたりに当ててにゃあ、温湿布をしたがね。これはおっかさんの知恵でな、〝おい、早うせぇ〟ちゅうてせかされて、お湯を沸かして温湿布を繰り返した」

美根代さん「そしたら、朝までに治った。駆けつけてきて好直を診た医者が、〝こりゃあ、死んでもおかしくなかった〟とびっくりしたと聞いた。いんやあ、私は母親失格もいいところ。子育て失格で、とにかく姉さんたちには助けてもろうた。私も息子も、おかげで命びろいしただがね」

そのころ、50代半ばだったぎんさんも、好直くんの母親代わりを務めた。手術後に体が衰弱した美根代さんは、お乳が出なくなった。そのため、ぎんさんは孫の好直くんに自分の乳首を吸わせようとした。

百合子さん「だけんど、いくら搾ったっておっぱいは出えせん。好直もおっぱいもらえると期待しとったのに、まったく出えせんから大泣きだわ。あのおそがいかった(怖かった)おっかさんも《子供にはかなわん》と、困り果てとった。《だけんど、子供は宝じゃ》と、おっかさんは最後には好直をあやして、夜も抱いて一緒に寝とったなあ」

その後も体調を崩しがちだった美根代さん。ぎんさんは好直くんのために、骨身を惜しまず幼稚園の送り迎えをし、小学校に入学すると、遠足のときには弁当をつくり、授業参観にも、母親みたいな顔をして出席した。

美根代さん「そしたら好直の担任の先生が、おっかさん（ぎんさん）を本当の母親と勘違いしてしまったがね。おっかさんも気をよくして訂正せなんだもんで、学校ではおっかさんが好直の母親だということになってもうたがねぇ（笑い）」

姉たちに助けられて命びろいをし、母親・ぎんさんに孫育てしてもらった美根代さんは、こうして子育て時代を乗り切ることができた。

いまは笑い飛ばして話せるが、そのころは、家族が相互扶助の気持ちを何より大事にして、その絆をいやがうえにも深めることができた時代だった。

コラム

きんさんぎんさん&4姉妹の㊕茶飲み話――

〝国会中継〟

話はずいぶん遡るが、双子姉妹が有名になって2年がたった1993年（平成5年）、ぎんさんは満101歳を迎えた。ある日、蟹江家を訪ねると、昼下がり、ぎんさんは、縁側にある小さなソファにちょこんと腰かけてテレビを見ていた。ぎんさんの好きな国会中継である。

総理大臣が答弁に立つと、ぎんさんはテレビに顔をくっつけんばかりにして、ジッと画面を見つめた。その表情がだんだんもどかしそうになった。

「頼りにゃあな、こん人!? 何いうとるだかハッキリしぇん。こらッ、あんた、もっとしっかりしぇんとあかんヨ!!」

画面の総理大臣の頭のあたりを、ぎんさんはパンパンと二、三度叩いた。すると、画面の総理大臣が顔を上げて、ニヤッと笑った。

「へなへな笑《わろ》うてばかりいたら、日本が駄目になるでにゃあの」

ぎんさんは失望したのか、テレビのスイッチを切ってしまった。それから、5日ほどがたって顔を合わせた双子姉妹は、こんな会話を交わした。（当時の取材ノートより抜粋）

ぎんさん「おみゃあさん、テレビは何が好きだね」

きんさん「わしは、プロレスと相撲が大好きで、よく見るよ。手ぇ、叩きながら見とる」

ぎんさん「プロレスや相撲にゃ、会話がにゃあだがな。だっから、わしは興味がにゃあ。テレビの芝居!?　あれもつまらん。役者の顔が覚えられんでな、ハハハハハ。やっぱり、いちばん面白いのは、国会中継だがね」

きんさん「わしは、アレは頭が痛《いと》うなって駄目だ（笑い）」

ぎんさん「だけんど、おみゃあさん、日本の国がこっから先、どうなるか、知らん顔してたら、国民としてナシャケないよ」

きんさん「おみゃあさんは頭がええけど、わしゃ、ここ（おつむに手を当てて）が悪いんでな、フヒャ、ハハハハ」
ぎんさん「話のついでにいわせてもらうとな。こないだ総理大臣シャマになりなすった、えーと、ほれ、うー、えー、宮本じゃない、えーと、宮沢シャン（故・宮沢喜一氏）、わしゃ、あの人、よう好かん。おみゃあさんは？」
きんさん「わしゃ、そんな人、知らん」
ぎんさん「あの人、なんかこう、いうことがはっきりせん。どことのう頼りがにゃあだよ。だけんど、海部《かいふ》シャン（海部俊樹氏）はよかった。愛知の出身だし、それに若いし弁舌がシャワヤカで、うまかった。
　なんであんな人を、辞めさせちまったんじゃろ。国民の支持率も高かったちゅうのに、わしゃ、それが納得できん。合点がいかん」
きんさん「………!?」
ぎんさん「せっかく若い世代が出てきたちゅうのに、まーた、爺さんに逆戻りだなんて、あんた、これからの日本を考えたら、なんだか心配になってくるがね」

＊

では、同じ「国会中継」のテーマで、4姉妹の放談を——

千多代さん「おっかさんは、よう国会中継を見てござったな。テレビの前で〝そうじゃ、そうじゃ〟とうなずいたり、〝何いうとるきゃあ〟と怒鳴ったり、足を踏みならしたり、あの姿、ときどき思い出すよぉ」

年子さん「そうだにゃあ、１００歳を過ぎても、ずーっと飽きんと見てござった。よくぞ、あの根気が続いたと思うよ。わしも、国会中継をな、国民のひとりとして、たまーに見るがね、30分ぐらいが限界だが。何いうとるか、ちんぷんかんぷんになって、気がついたら、いい気持ちになって眠り込んでしまうだが（笑い）」

百合子さん「千多代ねぇさんは、姿もおっかさんに似てきたけど、国会中継が好きだちゅうのも、そっくりだな。頭の回転が速いし、政治のことをズバリ批評して面白いだが。どうじゃろ、選挙に出てにゃあ、国会議員ちゅうのは」

美根代さん「ハハハハ、そりゃ、ええかもしれんねぇ。90いくつの議員はおらんだで、ギネスブックものだがね（笑い）」

千多代さん「選挙に出るにはお金がいるよぉ。わしゃ、そんなお金がないから、まあ１００票はいったらいいとこ。やっぱし、恥はかかんことにするぅ（笑い）。

話は変わるだが、あの〝どじょう〟で登場してきた総理大臣はどう思うだね」

美根代さん「私は、どじょうよりうなぎのほうが好きだから、ええと思わん」
千多代さん「いや、食いもんの話と違うだが、総理大臣の話だで、まったくぅ（笑い）。でもな、どじょうのほうがな、水から出ても、なかなか死にゃせんのやと。ほんだで、どじょう料理のほうがな、精がつくちゅうことだが」
年子さん「へぇー、おみゃあさんは、いつからそんな物知りになった」
千多代さん「そいだで、わしは、あのどじょう総理大臣は好きだよ。自分のいいたいこと、はっきりいうとるだが。将来の日本を考えるとな、年金を維持していくためには、消費税を上げないかんとな」
百合子さん「私は、何でも一律に消費税をかけるんには反対だわ。ブランド品とか高級毛皮とか、三ツ星のフランス料理とか、そういう金持ちしか縁がないものには、30％ぐらいかけてもいいと思うよ。その代わり、私ら庶民の食べるものや、生活必需品は、いまのままでええだが」
美根代さん「私もそう思う。世の中、富めるもんと、そうでないものとがある限り、やっぱり、差をつけるのが当たり前じゃないだろか。うーん、なんか釈然とせんがね。ほんと、釈然とせんわ」

第2章

大切な人を亡くした4姉妹への〝ぎん言〟

ぎんさんが2001年（平成13年）に亡くなった後、蟹江家を訪れるテレビや新聞、雑誌の記者たちの来訪はしばらく途絶えていた。

しかし、'11年（平成23年）9月——ぎんさんの娘4姉妹の存在が『女性セブン』の記事で紹介され、翌月から同誌での連載が始まると、テレビ局の取材が大勢押しかけることとなった。

「いやあ、ぶったまげたがね。レポーターの人がござって、ライト当てられて……。わしら、ただ元気ピンピンだけのばぁさんなのに、そんなに珍しいことなんやろか」

五女・美根代さんが、首を傾げて苦笑する。

'11年9月から半年の間に出演したテレビは、『たけしの健康エンターテインメント！　みんなの家庭の医学』『徹子の部屋』『おじゃマップ』など30番組以上にのぼる。

番組の収録でビートたけしがわざわざ名古屋まで足を運び、4姉妹のいる蟹江家を訪れたこともあったという。

美根代さん「（番組のサプライズで）私らたけしさんが来ることとなんて、知らされとらなんだで、えらいびっくりしたがね」

四女・百合子さん「美根ちゃんの運転する車に、私ら4人とたけしさんが乗ったが

ね。もううれしゅうて、うれしゅうて、〝死んでもいい〟っていってござった（笑い）」

つぶやいたら、たけしさんは〝おれは死にたくないよ〟っていってござった（笑い）」

その美根代さんは、還暦を迎えた記念にと60歳で運転免許を取得し、これまで約30年間、無事故・無違反の優秀ドライバー。

「ほーら、ゴールドのな、線がちゃんとはいっとるでしょ。〝ぎん〟じゃのうて、免許証は〝きん〟だわさ」

免許証を見せながら美根代さんは、得意満面の顔になって胸を叩いた。

そして、'12年（平成24年）２月——４姉妹はついに在京テレビ局に招かれ、名古屋から新幹線「のぞみ号」に乗って、東京駅へと向かった。

長女・年子さん「いんやあ、15年ぶりに新幹線に乗っただが、車窓から真っ白に雪をいただいた富士山が見えて、これがきれいでにゃあ。長生きできて、ほんと、よかったと思いました、ハイ」

美根代さん「〝きんぎんブーム〟で、母に付き添って東京のテレビ局に来たことがあったけど、まさか私んらが主役になるなんて、思いもよらなんだがね」

テレビ局での収録を終えた4姉妹は、1泊した翌日、東京見物をすることになった。

やってきたのは、〝観音さま〟で有名な浅草寺。雷門から仲見世通りをゆっくり歩く姉妹たちは、大勢の人出にびっくり。その後、人力車に乗って、浅草界隈《かいわい》を散策した。

三女・千多代さん「生まれて初めて人力車に乗っただだが。明治時代に戻ったような気持ちになったにゃあ」

近くには、開業まであと3か月に迫ったスカイツリーもそびえ立ち、4姉妹は空を見上げて驚きの声を上げた。

百合子さん「はっはぁ〜ん、名古屋のテレビ塔よりずいぶん高いにゃあ。大工さんはどうやって建てただだが、これ」

そして最後に「ぜひお参りしたい」とやって来たのが、東京は巣鴨にある〝とげぬき地蔵尊（高岩寺）〟。本堂に参拝してから、〝とげぬき地蔵〟にひしゃくで水をかけて、両手を合わせる４姉妹。

百合子さん「これだけ熱心に拝んだから、50年ぶん、いや、１００年ぶんの〝とげ〟を抜いてもろうたにゃあ」

美根代さん「おみゃあさん、いったいいくつまで生きとるつもりだがね」

百合子さん「ハイ、２００シャアまで。キャハハハ」

　顔を見合わせて笑う姉妹たちの声が境内に響いた。

「おみゃあたち、あんばよう長生きして、よかったなあ」

　空の上から母、ぎんさんが呼びかけてくるような東京での好日だった。

ぎん言⑩

機械を頼って朝早起きせんのは、なまけもんのすることじゃあ

時代は、半世紀ほど前に遡る。戦争が終わって10年がたった1956年（昭和31年）、『経済白書』は〝もはや戦後ではない〟と宣言し、大量生産・大量消費時代がスタートした。

百合子さん「もうタライはいりません、ちゅうて電気屋さんがよくシェンタッキを売りにきてたな」

千多代さん「往来で人を集めてな、〝こんなによう落ちる〟〝便利でごぜえますよ〟って、実演してたな。そりゃあ、びっくりしたがね」

年子さん「でも、値段が高かった。1台5万円ぐらいじゃったから、いまでいえば

30万円くらい。ええなあと思ったけど、とても買えなんだ」

美根代さん「うちは、発売したばかりの炊飯器をタイマーと一緒に買った。でもな、おっかさん（ぎんさん）にどえりゃあきつく怒られたがね。《こらあ、機械を頼って朝早起きせんのは、なまけもんのすることじゃあ》ちゅうてな」

神武景気の中で〝三種の神器〟といわれた洗濯機、冷蔵庫、白黒テレビが普及し始めたが、まだまだ庶民には高嶺《たかね》の花。テレビは〝一生に一度の買い物〟といわれたものだった。ところが’59年（昭和34年）4月10日、皇太子さま（現・天皇陛下）と美智子さま（現・皇后陛下）ご成婚の記念パレードが行われ、このテレビ中継を見ようと、テレビの売れ行きが急増した。

蟹江家でも、座敷の床の間にテレビを据えつけ、その前で家族が正座をしてパレードに見入った。

美根代さん「そん年の秋だがね。戦争よりおそぎゃあ（怖い）ことが起きた。おっかさんが67歳、私が36歳のときじゃった」

’59年9月26日、午後6時20分、超大型の台風15号が紀伊半島の潮岬《しおのみさき》に上陸。台風は猛烈な勢いで速度を増し、午後9時過ぎ、名古屋市の上空に達した。伊勢湾台風の襲来である。市内は暴風圏にはいり、瞬間最大風速は毎秒45・7m。電灯はいっせいに消え、全市が漆黒の闇に包まれた。

美根代さんがぎんさんと暮らす蟹江家、そして3人の姉の婚家がある名古屋市南部は、台風の被害をもろに受けた。

百合子さん「ここらあたりは、江戸時代に干拓によってできた陸地で、そう、（海抜）0m地帯でしょう。すぐそばを天白川《てんぱく》が流れとるし、そいから伊勢湾もそう遠くはない」

美根代さん「ンだけんど、海までは2㎞くらい離れとる。まさか、そんな海の水がここまで押し寄せてくるとは、誰も思わなんだがね」

午後9時半ころだった。玄関のすき間から、水が少しずつ浸入し始めた。

「こりゃあ、床上までくるぞ」

ぎんさんの夫・園次郎さん（当時72歳）がスタスタッと奥の座敷へ走り、床の間に鎮座している大きなテレビを抱え上げようとした。

美根代さん「それを見たおっかさんが〝おみゃあさん、そんなもん、どうするんだ？〟

と叫んだら、父親が〝これは、うちでいちばんでぇじなもんだ〟ちゅうてにゃあ、テレビにしがみついてござるんよ（笑い）」

するとと次の瞬間、ドドーン、ババーン、ドーン、耳をつんざく轟音《ごうおん》とともに玄関の戸がはずれ、ものすごい勢いで高潮が襲ってきた。名古屋港の護岸堤防が決壊し、押し寄せた高潮の高さは６ｍ近くに達するものだった。それが怒濤《どとう》となって、街をのみ込んだのだ。

風と雨は強くなるばかりで、水は容赦なく押し寄せ、ぎんさんの家の１階の壁が、まるで紙のように崩れ落ちた。そして押し寄せた高潮は、ぐんぐんと１階の天井まで迫ってきた……。

ぎん言⑪

ここぞというときゃあ、馬鹿力を出さんきゃあ

伊勢湾台風来襲時、蟹江家に住んでいたのは、ぎんさん夫婦、美根代さん夫婦、そして美根代さんの長男・好直くん（当時11歳）の計5人。ぎんさん、美根代さん、好直くんは胸まで海水に浸かり、何が起こっているのかもわからないまま、ただもがくしかなかった。

「おい、早う、2階へ上がらんか！　それえっ、早う早う!!」

階段の上から、美根代さんの夫・尚文さん（当時38歳）が叫んだ。家中の畳が浮いている。それにつかまって、3人はやっとのことではしご段までたどりつき、2階へ上がった。

ところが、園次郎さんがどこにいるのか気配がない。

「おみゃあさーん！」

ぎんさんが大声を上げると、「ここだぁ、ここだぁ」と微《かす》かな声がし、なんと園次郎さんはいまにも溺れそうになりながら、テレビにしがみついているではないか。

「おみゃあさん、そんなもん離さんかぁ！」

はしご段の上から、ぎんさんが金切り声で叫んだ。そして婿の尚文さんが義父の襟くびをつかんで、どうにかはしご段までたどりついた。

美根代さん「父親とうちの旦那が、やっとのことで2階へ上がってきて、みんなで胸をなでおろしたんだけど、旦那を見てびっくりひゃあっくり。それがパンツもはいとらん。もう、すっぽんぽんになっとったがね（笑い）。いまは笑っていえるけど、あんときは笑えんかった。もう命がけだったからにゃあ」

9月の末とはいえ、残暑が厳しかったため、風呂上がりの尚文さんは、パンツ1枚の姿でいた。それが高潮の水圧で剥《は》ぎ取られてしまったのだ。

屋外では、風と雨が猛り狂っていた。バシーン、ダ、ダーンという、まるで爆弾が破裂するような音が響いた。名古屋港にある貯木場《ちょぼくじょう》が破壊され、直径1m、長さ数mの巨大なラワン材（家具・装飾材などに使う木材）が高潮とともに堤防を乗り越え、市街地に流入したのだ。破裂音は大量のラワン材が周辺の民家に激突する音だった。

千多代さん「当時、わしが住んでいた家は蟹江家より、もっと貯木場に近い場所やった。わしは旦那と2階からそれを見たが、ラワン材は横になって流れるんでにゃあの。こう縦になってにゃあ、つぎつぎと、そりゃあ、ものすごい速さで走ってきて、ドドーンと家にぶつかって倒れるんだが」

年子さん「わしの家も貯木場のそば。もう、これで一巻の終わりかと思うた。だから2011年（平成23年）3月11日の東日本大震災の津波をテレビで見たときは、あんときを思い出して、体がぶるぶると震えて止まらんようになった」

ぎんさんが住んでいた蟹江家では、浸水が1階の天井まで届き、ぐんぐんと2階へ迫ってきた。

「おそがい（怖い）にゃあ、どうするだ。こりゃあ、2階も駄目になるかもしれん」

園次郎さんが、呆然としながらつぶやいた。

「いや、こんなんで死んでたまるかあ、絶対に死んだらいかん」

毅然として立ち上がったのは、ぎんさんであった。当時、蟹江家の2階は普段は使わず、農機具などの物置代わりとなっていた。

「おみゃあさん、これで屋根を破らんかあ！」

ぎんさんは、手にした鍬《くわ》を夫の園次郎さんに渡して叫んだ。２階も浸水が始まり、１cm、また１cmと水かさは増すばかりだった。

もう一刻の猶予もない。屋根裏に穴を開け、逃げ道をつくるしかない。園次郎さんと尚文さんが、鍬や丸太ん棒を手に渾身《こんしん》の力を振り絞って屋根裏を突いた。

水は腰のあたりまでに達し、孫の好直さんを抱きしめたぎんさんは、こう叫んだ。

《人間にはな、思わん力があるぅ。ここぞというときゃあ、馬鹿力を出さんきゃあ!!》

その声に叱咤され、園次郎さんと尚文さんは、死に物狂いで力を込めた。

美根代さん「そしたら、屋根に直径50cmほどの穴が開いた。しばらくしたら、あれだけすさまじかった暴風雨の勢いが弱まってきたがね。それで屋根裏から外に這《は》い出して、瓦屋根の上で身を寄せ合って、朝が来るのを待っただが……」

ぎん言⑫

どんなにつろうても、お天道様はまた出てござる

中部地方を中心に猛威をふるった伊勢湾台風は未曾有《みぞう》の被害をもたらした。死者と行方不明者は5000人を超え、10万戸の家がつぶれ、30万戸が水に浸かり、被災者総数は135万人を上回ったと、当時の記録にある。

美根代さん「恐怖の一夜が明けただが、ゆんべのことが嘘みたいにな、カラリと晴れたええ天気になってにゃあ。もう、腹が立った」

高潮に見舞われ、貯木場の材木が暴れ回った名古屋市南部は惨状を露わにした。

千多代さん「水が引かんから、あっちこっちに亡くなった人が浮いとった。無傷の人は、ひとりもおらなんだ。みんな頭や顔、足から血を流して死んでござった。あの光景は……もう、地獄やったな」

幸いに蟹江家では、全員が命拾いをした。だが、この台風で長女・年子さんは、

娘の明美さん（当時27歳）と、ふたりの孫（長女３歳と次女１歳）を高潮に奪われた。

実家の蟹江家から、徒歩７分ほどのところに、四女の百合子さんが嫁いでいた。このすぐ隣家に、百合子さんにとって姪っ子となる明美さん一家が住んでおり、百合子さん一家と明美さん一家は日ごろから助け合って暮らしていた。

百合子さん「あの日の夕暮れ、明美にね、〝それほどのことにゃあならんと思うが、もし水が出てきたら、うちへ来るんだよ〟って声を掛けてたの。明美んちは平屋建てでしょ。うちは２階建てだったから、そのほうが安心だと思うて……」

午後９時半近く、明美さんの家に水が浸入し始めた。不安になった明美さんは、叔母の家に避難しようと、１歳の子を明美さんが、３歳の子を夫が抱いて、表へ走り出た。そして、まさに運命の時刻にぶつかった。高潮が巨大なうねりとなって、母子、父子に襲いかかったのだ。

百合子さん「〝きゃーっ〟という悲鳴が裏庭で響いたんで、〝あっ、明美だ、戸を開けてやらんと……〟と、もう夢中で裏口に走って戸を開けようとした。だけんど、水圧でな、引き戸はどうにも開かんのよ。そいで〝明美ぃー、明美ぃー〟と叫んで戸を引くけんど、びくとも動かんのよ」

そこへ、ドドーンと大波が押し寄せるように、水が攻め込んできた。百合子さんは扉と一緒にはじき飛ばされるように流され、室内の壁にぶつかった。

百合子さん「その後、どうやって2階に逃げたか、よう覚えとらんの。けんど、いまもね、〝叔母さーん、叔母さーん〟という、あの子の声が聞こえるようでな。助けてやれんかったことが、もう悔しくって悔しくって。こうやって話しとるだけでたまらんようになる……」

そう話す百合子さんは、涙声となっていた。

明美さんの夫は高潮に流されながらも、近くの民家の屋根にひっかかり、命を救われた。しかし、他の3人は亡くなってしまった。

年子さん「運が悪かったというか、娘たちを思うと不憫《ふびん》でならんけど、今回の大震災でも、私と同じようにつらい思いをした人たちが大勢いられる。それを思うとにゃあ、ひとりでに涙が出てくる」

高潮に最愛の娘とふたりの孫をさらわれた年子さん。そして姪たちを救えなかったと悔やむ百合子さん。傷心の娘たちを、母・ぎんさんはこんな言葉をかけて励ました。

《いまは、どんなにつろうてもなあ、お天道様は、明日になれば、まーた出てござる》

その〝ぎん言〟が、ふたりに生きる力を与えてくれた。

美根代さん「台風から３週間が過ぎても、水は引かんかった。もう庭は瓦礫の山でしょ。押し入れの中段の高さまで水浸《みずびた》しだから、屋根裏でな、２か月ほど、ままごとみたいにして暮らしたよ」

千多代さん「だから、今回の大震災におうた人たちのこと考えると、ほんま、胸が痛むがね。仮設住宅は、そりゃ寒さが身にしみるでしょ。政治家も天下取りのことばっかりに目を向けんと、被災地のことに、もっと力を入れんといかんのじゃにゃあの」

千多代さんが語気を強めると、ほかの３姉妹が「そのとおり、そのとおり」と、しきりに相槌を打った。

ぎん言⑬

夫婦ちゅうんは、食っていくための戦友だがね

1959年（昭和34年）の伊勢湾台風禍で、孫とひ孫を亡くしたぎんさん。哀しみに暮れる娘たちを励まし、蟹江家にも再び平和な暮らしが訪れるようになった。'64年（昭和39年）、東海道新幹線が開業。同じ年の10月に東京オリンピックが開催され、ぎんさん一家も、居間に据え付けたテレビに家族が釘付けになっていた。

ところが、このころから、働き者だった父の園次郎さんが、徐々に体調を崩すようになった。

美根代さん「確かおとっつぁんが喜寿（77歳）を迎えるころだった。前立腺が悪くなって、オシッコがよう出んようになって、手術をしただが」

千多代さん「そうそう。そいだでもう歳も歳だから、あんまり働かんほうがええというて、田んぼや畑に出るのをやめさせた。みんなでおとっつぁんにいうてなあ。あれがいかんかった。なんにもすることがにゃあて。ボーッとしてしまったんだわ。親孝行のつもりが逆になってしもうたぁ……」

寝たり起きたりを繰り返すようになった園次郎さん。看病したのは、ぎんさん（当時72歳）だった。

百合子さん「いつもは、おとっつぁんに怒ってばっかじゃったけど、おっかさんはそれは熱心に世話しとったよ。体をふいたり、話し相手になったり、やっぱり好きだったんだがね」

ぎんさん夫婦の出会いは１９１３年（大正２年）に遡る。ぎんさんに縁談が持ち上がったのは、姉のきんさんより３年遅れた数え21歳の初夏のこと。身につける着物も同じ、勉強も裁縫も一緒に覚えた仲良し双子姉妹であったが、結婚だけはズレてしまった。

美根代さん「それはな、ふたりの下に妹がふたり、弟が３人いたため、おっかさんが母親代わりで面倒をみなければならんかったからだがね」

21歳のぎんさんは農家の息子、蟹江園次郎さんとお見合い結婚。夫は5つ年上の26歳だった。

当時は新婚旅行なんて、夢のまた夢。甘い生活に酔う暇などまるでないまま、祝言の翌日から畑仕事。嫁であるぎんさんは、さっそく養蚕《ようさん》の仕事に精を出さねばならなかった。

蟹江家は農業のかたわら養蚕をやり、繭《まゆ》を売っていた。そのため、初夏から夏の終わりごろまで、ふだん生活する部屋も蚕棚《こだな》で埋め尽くされていた。

年子さん「そいだで、寝るとこがのうなって、夏のあいだは庭にむしろを敷いて、蚊帳を吊って寝たもんだと。おっかさんが、よういうてござった」

百合子さん「立派な繭をつくれば、それだけお金がはいって、暮らしがようなるで、人間より〝お蚕さま〟のほうが大事だったということだがね（笑い）」

いまのように農作業が機械化されていない当時は、猫の手も借りたい農家にとって、嫁は貴重な働き手だった。そんな日々を生きたぎんさんは、こんな言葉を遺している。

《わしらの時代の夫婦ってことを考えてみると、まず愛とか恋とか、そんなもんは二の次だがね。そう、昔はにゃあ、夫婦ちゅうんは、食っていくための、お互い戦友同士という感じだったがね》

千多代さん「へぇ、おっかさん、そんな立派なこといわしたかね。けど、そのとおりやな。いまの若い人たちにゃ、時代錯誤といわれるだろうが、私ら４人も、そういう思いでやってきただが」

ぎん言⑭

夫婦はにゃあ、カカア天下がいちばんだよ。亭主関白の家庭に福は宿らん

園次郎さんと結婚したぎんさんは、翌年の1914年（大正3年）春、第1子を無事出産した。それが長女の年子さん。晴れて母親となったぎんさんだったが、少しばかり肩身が狭かった。というのも当時は、嫁はまずその家の跡継ぎ、つまり男児を産むことを求められたからである。

「ぎんや、次は男の子だぞ」

舅や姑から期待をかけられ、第2子を出産したが、髪の毛のふさふさした女の子だった（『栄』と命名されたが、3歳で病気のため亡くなった）。

その翌年、26歳のぎんさんは再びおめでたの兆候をみた。

「ぎんや、今度こそチンチンのある子だぞ、いいか」

姑の激励に、ぎんさんは大きくなったおなかをさすったが、３人目の赤ちゃんもオチンチンを忘れてきた。

「まぁた、女きゃあ！　うちの嫁ときたら、いったい何を考えとるきゃあー。跡継ぎもつくれんで、ようも平気な顔しとらすなぁ」

姑の嫌みなものいいに、ぎんさんは体を小さくするしか術がなかった。だが、その次も女、また、その次も女の子……。

年子さん「おっかさんは女腹だったがね。そいだで、おっかさんはもう開き直ったというてござった（笑い）」

４人の娘たちに囲まれて、母親・ぎんさんは〝女系家族〟に、誰がなんといおうとも、誇りを持とうと思ったのだった。

女の子ばかり授かったことを、目を細めながら喜んだのは、ぎんさんの夫・園次郎さんだった。男ばかりの４人兄弟だった園次郎さんは、女の子が珍しくて、４人の娘たちをそれはかわいがった。

百合子さん「子供のころを思い出してみると、私ら、父親に叱られたことなかったにゃあ」
千多代さん「そうそう。おっかさんは、ときには〝鬼〟かと思うほど厳しかったけど、父親は〝仏さん〟みたいにやさしい人だった。おっかさんが私らを叱るたびにオロオロして、かばってくれたがね」
年子さん「そうやったなあ。なんでおっかさんが怒るのかと、私らに冷静にいい聞かせてくれる父親だった。そいだで、私らは救われたがね」

そんな父親、園次郎さんは、仕事ひと筋の人だった。朝早くから日暮れまで田畑に出て、米や麦、そして野菜づくりに専念した。
千多代さん「酒を飲んでも暴れたりせんし、浮気や賭けごとにもまるで縁のない人だったから、おっかさんは〝わしは、旦那には恵まれた〟と、よくいうてござったな」
美根代さん「おっかさんの虫の居所が悪いときは、おとっつぁんがよく当たり散らされとった。でも、穏やかに聞いておったにゃあ」

当時は、一家の大黒柱である父を敬う家父長制度が色濃かった時代。〝厳格な母、慈母のような父〟という蟹江家のような家庭は、とても珍しかった。

千多代さん「ただな、うちの父親はえらいケチだった。例えば、町内会から〝寄付をしてくだせえよ〟といわれると、父親は〝そんなに出すことはにゃあ〟と、こう渋るんだわ。するとおっかさんは、〝おみゃあさん、そんなにケチなこといわんで〟と、パッとお金を出すがね。

おっかさんは世間体を考えて、〝花〟を持ちたがる人じゃった。つまりは〝ケチと見栄っ張り〟の夫婦で、お金のことではようケンカしてござった（笑い）」

ぎんさんが園次郎さんと結婚し、６年ほどたったとき、舅と姑は家を出て、園次郎さんの末弟夫婦と同居することになった。姑の〝嫁いびり〟から解放されたぎんさんは、家を切り盛りすることに心をくだくようになった。

そんなぎんさんが、結婚して世帯を持った４人の娘たちに、ことあるごとに諭した〝ぎん言〟がある。

《夫婦はにゃあ、カカア天下がいちばんだよ。亭主関白の家庭に福は宿らん》

千多代さん「そう、〝カカア天下がいちばん〟というのおっかさんからよう聞かされた」

美根代さん「そうそう、旦那が天下をとったら駄目だがねぇ。やっぱし、女が財布を握ってちゃんとやらんと、家の身上《しんしょう》（財産）は絶対に残らんということだが。おっかさんが長生きでけたのも、ストレスためずに生きとったからかもしれんにゃあ」
年子さん「ンだども、カカア天下ちゅうても、旦那をやっつけるばかりじゃいかん。女房も賢くなって、慎み深く振る舞うとこは振る舞えば、いつの間にか、福が宿るとな。それが、おっかさんの教えだったと思う」
偉大なる母、ぎんさんのこの教えにのっとり、長女と三女、そして五女の3人は〝カカア天下〟を押し通したが、四女の百合子さんは、そうは問屋がおろさなかったという。
百合子さんの夫は、運送会社に勤めるサラリーマンだったが、典型的な亭主関白だった。
百合子さん「財布は旦那が握って、給料がはいったって、ちょっとしかくれんがね。そのうえ、旦那は酒飲みで、ふたりの子供育てるのに大変だった。絞り染めや和裁の内職をしてな、そいでヘソクリ貯めるしかなかったよ」

美根代さん「けんど、百合ちゃんがヘソクリ貯めて家庭を支えたんなら、陰のカカア天下だがね」

年子さん「そうやなあ、私ら４人には、どうにもこうにも、おっかさんの血が流れとるがね（笑い）」

ぎん言⑮

姉は妹になれん。妹は姉になれん

夫に怒りのエネルギーをぶつけながらも、要所では夫をうまく立てて、〝カカア天下〟を貫いたぎんさん。結婚しておよそ半世紀がたったときだった。3年ほど、寝たり起きたりを繰り返していた園次郎さんが1968年（昭和43年）、脳梗塞で81歳の生涯を終えた。ぎんさんが76歳のときだ。

美根代さん「最後は寝たきりだもん。意識もなんものうなって、苦しまんで大往生だった。

臨終のとき、おっかさんがしっかと手を握って〝先に逝って待っててくだせえよ〟ちゅうて呼びかけてた場面がね、いまも昨日のように思い出すよ」

気丈な性格を、自分でもよしとしたぎんさんだったが、夫との永遠の別れには、さすがにショックを隠せなかった。

美根代さん「葬式が終わった途端、おっかさん、張り詰めてたものがガターンとなって、胃けいれんと貧血で１週間ほど入院したがね。それまでのおっかさんはといえば、元気ピンピンで、入院どころか、病気で倒れるのも見たことなかったのににゃあ」

年子さん「ケンカばっかしとったけど、ふたりのあいだには、やっぱり、通い合う〝赤い糸〟があったんだがねぇ」

百合子さん「ンだども、それから母は32年も生きたで、父親はあの世で〝おい、ぎんやぁ、まだかぁ〟と待ちくたびれて、しびれを切らしただろうと思うにゃあ（笑い）」

その母、ぎんさんが天国に旅立ってから、11年がたった。いま、４人姉妹の胸を、ぎんさんのこんな言葉がノックする。

《おまえたちは、大人になったら母親になれるけど、姉は一生、妹になれん。おんなじように、妹は一生、姉になれん。だから姉妹っちゅうんは、天から授けられた唯一の役割だと思って、大事にせにゃあかん。妹は姉、姉は妹の立場を大事にして、仲良うせにゃいかん》

平均年齢93歳の4姉妹は、その教えを守り、互いに心を寄せ合い、叱咤激励しながら日々を謳歌している。

《姉は妹になれん。妹は姉になれん》――この〝ぎん言〟にこめられているのは、〝思いやり〟の心を持ちなさい、ということであろう。思いやりというと、上から下に与えるもの、強者から弱者に与えるものというイメージがあるが、ぎんさんがいっているのは、こうした強制される思いやりではなく、人間として自然に沸き上がってくる心を大事にしなさいと、姉妹たちに諭したのである。

ぎん言⑯
家ん中に主婦はふたりも必要にゃあ

終戦後の’47年（昭和22年）に尚文さんを婿養子にもらって、蟹江家を継いだ五女・美根代さんは、翌年に長男・好直さんを出産してから体調がすぐれず、しばらく勤めをやめていた。だが、’64年（昭和39年）、名古屋市内の郵便局に再雇用されることになり、会社勤めの夫・尚文さんと共働きの生活が続くようになった。

美根代さん「私ら夫婦で働けたのは、母が、家のことを切り盛りしてくれたからだがね。それちゅうのも、母がね、《この家ん中に、主婦はふたりも必要にゃあ。そいだで、おまえは外に出て働いたほうがええ》ちゅうてな。それで私は心おきなく働けたんだわ」

炊事、洗濯などの家事、そして家計のやりくりも、すべてぎんさんが引き受けた。

婿の尚文さんと娘の美根代さんが稼いだ給料は、そっくりそのままぎんさんに預けられ、ぎんさんが蟹江家の〝大蔵省〟となった。
千多代さん「そうじゃったな。だけんど、これが嫁だとそうはいかん。〝私が稼いできたお金を、なんで姑に取られるんかぁ〟と、そりゃあ、しっちゃかめっちゃかになるだが。それが美根ちゃんが娘じゃったから、もめ事にはならんかった。おっかさんのその辺の采配《さいはい》はてぇしたもんだった」
美根代さん「そりゃあ、一切合切をやってもらえるんでよかったけど、それがねぇ、勤めから帰って、〝ああ、疲れた〟ちゅうて横にでもなろうもんなら、〝甘えとるでにゃあ〟と、母は顔しかめて怒るだが。そいだで、どんなに疲れていても、晩ご飯だけはつくらないかんかった」
百合子さん「そう、そうやった。たまに実家をのぞくとな、おっかさんが畑で育てた野菜や、それから魚や貝などの食材を揃えてな、下ごしらえをしてござった」
こうして、70代半ばの主婦・ぎんさんは猛ハッスルし、平穏な暮らしが続いたが、それも束の間だった。'68年（昭和43年）、ぎんさんの夫・園次郎さんが脳梗塞で死去。
そして、姉妹たちにも試練が押し寄せた。

ぎん言⑰

やると決めたからにゃあ、死んだと思うてやれ

四女・百合子さんの暮らしが大きく変わることになったのは、１９７０年（昭和45年）ごろだった。運送会社に勤務していた夫が、自営業を始めたいといいだしたのだ。

美根代さん「そうそう、私の知り合いから、〝新聞の販売店をやってくれる人、おらんかな〟って相談されて、それであんたら夫婦に勧めることになっただが」

百合子さん「うちの旦那は商業高校を出てたもんで、人に使われるサラリーマンよりも、自分で商売をやりたくて仕方がなかった。そいだで〝これは儲かるぞぉ！〟ちゅうて、渡りに船で飛びついたの」

こうして夫は会社を辞め、夫婦で新聞販売店（新聞の取り次ぎ店）を営むことになった。自宅の1階を改造して店舗にし、看板を掲げた。新聞を配達する学生アル

バイトを5人雇い、近くにアパートを借りて住まわせた。百合子さん「そうしたら、これが大変だのなんの。朝刊を配達するには、もう、夜明け前の3時には起きなきゃならんでしょ。夕刊もあって、いや、それに加えて、学生たちの朝と夜の食事をつくらにゃいかん。もう寝てる暇ものうなって、毎日、頭がぼーっとなってな。疲労困憊《こんぱい》することになったんだがね（笑い）」

年子さん「わしは共働きなどせんかったから、その苦労はようわからなんだが、百合子は難儀しとったにゃあ。新聞の誤配があると、やんやと電話がかかってきて、あんたが自転車で駆けずり回っとる姿、いまもよう覚えとる」

欲も得もなくなった百合子さんは、夫を諌《いさ》めて販売店をやめようと思案投げ首となった。そんな娘の苦境を、母親・ぎんさんはしばらく静観していたが、ある日、こういって叱咤激励した。

《何をするにも、血のにじむくらいの苦労をせんと、本物にはなれん。とにかく、やると決めたからにゃあ、死んだと思うてやれぇ！》

この〝ぎん言〟に、トントンと押されて、百合子さん夫婦は、この仕事をそれから15年続けることができた。

ぎん言⑱

わしが、このうちの大黒柱じゃあ

1972年（昭和47年）2月、札幌で冬季オリンピックが開催され、9月には田中角栄首相（当時）が北京を訪問。日中国交回復が宣言され、中国政府から贈られたジャイアントパンダに、フィーバーが巻き起こった。

4姉妹は、それぞれの暮らしをたてるために懸命に働いた。慌ただしくも、穏やかな日々が流れたが、そんな蟹江家に異変が起きたのは、'74年（昭和49年）の秋のこと。美根代さんの夫である娘婿の尚文さんは、まるでお酒が飲めない〝下戸〟だった。

美根代さん「酒を受けつけん体質で、一滴も飲めんかった。酒粕《さけかす》の漬けものをちょこっと食べても、もう顔が真っ赤になって酔う人でねえ（笑い）」

名古屋市内の建築会社に勤めていた尚文さんは仕事柄、取引先から接待を受けて、外で食事をする機会が多かった。

美根代さん「1週間のうち、家で晩ご飯食べるんは2日くらいでね。あとは外でご馳走ばっかりいただくでしょう。そいだで、いまだからいうけど、〝北京ダック〟みたいに太っちゃってね（笑い）」
千多代さん「そうじゃったにゃあ。あれよ、あれよというちに、お相撲さんみたいに太っておらしたなあ。一時は100kg超えてござったんじゃにゃあの」
美根代さん「もともと糖尿病予備軍でね。それで私は野菜中心の献立にしたんだけど、外で食べるから、ほとんど効果がなかった」
9月半ばのまだ残暑厳しい日だった。尚文さんは接待を受けて、酒席に赴いた。取引先の相手から勧められ、尚文さんは、飲めない酒を少しばかりやった。ところがしばらくして突然、動悸《どうき》が激しくなり、その場に突っ伏した。すぐに救急車が呼ばれ、近くの病院に運ばれたが、ほどなく尚文さんは息を引き取った。急性心不全――まだ53歳の若さだった。
美根代さん「午後8時ごろだったと思うけど、電話で知らせを受けて（病院に）駆けつけたところが、間に合わんかった。悔やむも何もあまりにも突然の、あっ気ない別れでしょう。ほんとに…言葉もなかった」

51歳で未亡人となった美根代さんは茫然自失し、働く意欲もなくなった。だが、後ろを向いてはいられない。心のねじを巻き直し、夫の死から10日ほどで職場に復帰した。

そのとき、ぎんさんは齢《よわい》82歳。６年前に夫・園次郎さんが亡くなり、いままた娘婿を失ったぎんさんは、一家の大黒柱となるべく、背筋をシャンと伸ばさなくてはならなくなった。

百合子さん「婿さんが亡くなってからのおっかさんの気迫たるや、これはすごかった。〝もう、婿さんなんてもらえん。美根代、しっかりせえ〟ちゅうて、頭から湯気でも出るように、ますます元気旺盛になっただがね（笑い）」

年子さん「そうだったにゃあ。《わしが、このうちの大黒柱じゃあ。わしがおらんと、このうち、どうなるだぁ》ちゅうて、そりゃあ、大張り切りもいいとこになった（笑い）」

千多代さん「そいで美根ちゃんが、おっかさんの尻に敷かれるようになった。何か母親の気に障ることをすると、実の娘なのに、母親の前で両手ついて〝私が悪うございました〟と謝らないかんようになったんだから、考えてみりゃ、おかしな話ちゅうか、たいした母親じゃった（笑い）」

跡取り息子を産めなかったぎんさんには、「蟹江家を絶やしてはならん」という責任感もあったのだろう。ぎんさんは、ひとえに気力を燃やしながら、家族の精神的な支えとなった。

ぎん言⑲

儲ける算段より、使わん算段だわ

父親が急死したとき、ひとり息子の好直さんは26歳。ぎんさんにとって大事な内孫だが、この好直さんを〝ぎんばぁちゃん〟は母親代わりとなって育てた。それというのも、母親・美根代さんは産後の肥立ちが悪く、しばらく体調を崩していた時期があったからだ。

幼稚園に上がってからも送り迎えはもちろん、好直さんが小学校に入学すると、ぎんさんは母親みたいな顔をして、授業参観日にも馳せ参じた。

「幼稚園のころ、ばぁちゃんが一緒に昼寝しながら、『浦島太郎』『カチカチ山』などの昔話を、耳にたこができるほど語ってくれた。小学校にはいると、遠足のお弁当づくりもしてくれた。それだで、ばぁちゃんには頭が上がらんようになったがね」

好直さん（64歳）は過ぎ去った日を、まなじりを下げて述懐《じゅっかい》する。

話を元に戻すと、父親が突然亡くなったとき、そのショックから好直さんは一時、自暴自棄となった。大学を卒業して就職した会社勤めにも身がはいらなくなり、とうとう会社を辞めてしまう。

美根代さん「ばぁちゃん（ぎんさん）は、そりゃあかわいがってひとねた（育てた）で、心の中じゃ、えらい心配だっただろうが、黙って好直の動きを見守ってたにゃあ」

だが、好直さんは来る日も来る日もぼんやりとして、働こうという意志を見せない。

そんな孫に、しびれを切らしたぎんさんはこう声をかけた。

「好直、いつまでうじうじしとるんきゃあ。男んくせに、そんなたるいことでこれから生きてけると思うとるんか」

あくまでやさしく諭すような口調ではあったものの、そう叱咤したのだ。

千多代さん「蟹江家を再興するには、おっかさんとしては、孫に望みを託すしかなかったんだがね。その気持ちには、切実なものがあったと思うよ」

ぎんさんの言葉が好直さんの心を奮い立たせ、ばぁちゃんの気持ちに応えようと、好直さんは徐々にやる気を見せるようになった。

美根代さん「〝しばらくアメリカに行って頭を冷やしてくる〟と旅に出て、確か3か月ほどで帰ってきた好直は見違えるようになって、それから真剣に仕事を探すようになったんだわ」

幸いに建設会社に就職がかなった好直さんは、それから5年ほど経験を積んだ。

そして33歳のときに小さな建設会社を興した。

そのとき、ぎんさんが好直さんに戒めとして贈った言葉は、前述した百合子さんを叱咤激励した〝ぎん言〟と、いみじくも同じものだった。

「好直や、いまはつらかろう、力もなかろう。だけんども、男がこれぞと決めたら、死んだ気になってやらんといかんぞぉ。お天道様はにゃあ、明日になれば、また出てござる」

マーガレット・ミッチェルの不朽の名作『風と共に去りぬ』の最後は、主人公・スカーレット・オハラのこんな言葉で終わる。

〈明日はまた明日の陽が照るのだ〉（大久保康雄・竹内道之助訳、河出書房新社刊より）

外国の小説など、ぎんさんは読んだことがない。だが、ぎんさんはくしくもスカーレットと同じような名言を遺した。苦労を重ねて生き抜いたぎんさんならではの言葉といえるだろう。

創業した会社に好直さんは『サンエニカ』というシャレた名前を付けた。このネーミングは名字の〝蟹江さん〟を逆に読んで付けたのだという。

だが、5〜6年ほどして、会社の経営が少し苦しくなった。すかさず、ぎんさんはこう提言した。

《いいきゃあ、儲ける算段より、使わん算段だわ!》

苦境を乗り切るには、まず節約しないといけない——ぎんさんは培った人生経験から、こうアドバイスすることを忘れなかった。

十数年前に母・ぎんさん（中央）を囲んで撮った1枚。4姉妹は右から年子さん、百合子さん、美根代さん、千多代さん。

およそ50年前の4姉妹の写真。いまと変わらず仲が良い。右から、美根代さん、百合子さん、千多代さん、年子さん。

ひな祭りの日には、4姉妹揃って蟹江家に集合。ひな段の前で、童心に帰ったようにじゃれ合う百合子さん（左）と千多代さん（右）。

いつも笑い声が響く、蟹江家の縁側。

6歳のひ孫と毎日オセロを楽しんでいる美根代さん。

年子さん（右）と千多代さん（左）はふたり暮らし。
朝昼晩の食事はもちろん自分たちの手でつくる。
年子さんがつくっているのが、P.188で紹介する「千多代サラダ」。

東京でテレビ番組の収録を終えた4姉妹は浅草周辺を観光。スカイツリーを見上げ、「どえりゃあ高いがね」と嬌声《きょうせい》を上げた。

第3章

百歳を過ぎてからも輝くための〝ぎん言〟

桜前線が北上し、春らしい陽気に包まれた昼下がり。四女・百合子さんが、風呂敷包みを抱えて蟹江家にやってきた。

「知り合いからもらった小豆があったでな。今朝は1時間ほど早起きして、久しぶりにこれぇ、こさえて（こしらえて）みた」

百合子さんが包みを開けると、顔を出したのは、餡《あん》がたっぷりまぶされた〝ぼた餅（牡丹餅）〟。

長女・年子さん「ひやぁ～っ、これはうまそうだにゃあ。そんなら、いただきまーす」

小皿に取り分けたぼた餅を、てんでにパクつき始める4姉妹。その顔が、ひとりでにほころんだ。

三女・千多代さん「このぼた餅のこと、〝お萩〟ともいうじゃろう。どう、違うんだろうか!?」

五女・美根代さん「あのね、これはな、春は〝ぼた餅〟、そいで秋は〝お萩〟っていうだが。ほら、このあんこの具合を、春は牡丹《ぼたん》の花に見たて、秋は萩の花に重ね合わせてそういうだがね」

千多代さん「へぇーっ、知らんかった。おみゃあさん、物知りだでねぇ（笑い）」
昼食をいただいて、まだ小一時間しかたたないのに、姉妹たちは、たちまちぼた餅を３個ずつたいらげてしまった。
百合子さん「こういううまいもんは、やっぱり、別腹だがね」
年子さん「ほんと、別腹、べつばら……（笑い）。このごろな、朝起きると〝ああ、そろそろこの世とおさらばしてもええ〟って思うけど、こんなうまいもん、頂戴できるんなら、やっぱり、死にたくないと思うわねぇ（笑い）」
美根代さん「まったくあんねぇ（年子さん）は、ゲンキンなんだから。そんなね、死にたい、死にたいっていう人ほどにゃあ、長生きするだでね、ハハハハハ」
そう笑い合う４姉妹に、取材で訪れたカメラマンから撮影したスナップ写真がプレゼントされた。
超ドアップの写真をてんでに眺めながら、「うーん、実物より１００倍もよう撮れとる」、「これはえらいブスに写っとるにゃあ」……と、蟹江家の縁側で、いつものように賑やかな声が沸騰した。
千多代さん「そろそろな、自分の葬式のときの遺影をな、見つくろわないけんと思うとったから、ちょうどよかった（笑い）」
百合子さん「それにしても、こんなにしわがあるとは思わなんだな」
年子さん「いんやぁ、私は……、ボロ屑《くず》みたいに顔にしわがあるのは嫌だぁ。（カメラマンに）何とかこのしわ消せんもんかね（笑い）」
美根代さん「何いうとるだね。しわがあってこそ、年輪ちゅうもんが感じられるんだがね。ほら、よく女優さんが、一生懸命塗りたくって、しわを隠しとるでしょ。あれは変だよぉ、見苦しいもん。年取ったら、しわというのは年輪だもん。あんねぇ（年子さん）も誇りを持たんと……」
千多代さん「そいで、この写真見て思うのは、しわにもなぁ、〝品のあるしわ〟と〝品のないしわ〟があるっていうことだがね（笑い）」
百合子さん「あんたは、どっちだね。どうせ〝品のあるしわ〟といいたいんじゃろ」
千多代さん「いやいや、私とあんねぇは、品がないしわ。そいで百合ちゃんと美根ちゃんは品のあるしわだと思うよ」
美根代さん「へぇーっ、口の悪い姉さんから、久しぶりに褒められたわ。それやったら、自信持たんとにゃあ（笑い）」

丸い卓袱台《ちゃぶだい》に並べられた写真を眺めて、４姉妹はしばらく〝遺影選び〟に夢中になった。

ぎん言 20

心にしわを生やしちゃ、世の中が面白のうなるでにゃあの

1974年（昭和49年）の秋、蟹江家の家督を継いでいた五女・美根代さんの夫・尚文さんが53歳で急死。蟹江家は、ぎんさんと、娘の美根代さん、孫の好直さんの3人だけとなった。

「このままでは、このうちがわや（駄目）になってしまうがね！」

と、齢82歳のぎんさんは、隠居するどころか、一家の大黒柱となるべく、ますます発奮することになった。

その気力は生活に表れた。ぎんさんは一日の大半をひとりで過ごしたが、ぼーっとテレビを見ているようなことはしなかった。

朝、気になる新聞記事を声を出して読みあげると、その後は庭の手入れ、掃除、洗濯、裁縫と休まず働き続けた。自分のことは自分でする——ぎんさんが、いつも

胸にいい聞かせていたことだ。

お昼になると、自宅から約５００ｍほど離れた神社へと散歩する。

美根代さん「おっかさんは元気ピンピンで、病気になることがなかった。98歳のとき、犬に咬《か》みつかれそうになって転んで、足を20針も縫う大けがをしてござったけど、すぐに治った。それだで、１００歳まで生きとっても、私らにとっては当たり前のことで、なんも不思議に思わなんだがね」

そんなぎんさんが世間から注目を浴びるきっかけとなったのは、'91年（平成３年）10月も終わりのこと。地元紙「中日新聞」の隅にこんな記事が載った。

《名古屋市で百歳の双子姉妹～愛知県知事が表敬訪問》

その双子姉妹の名前は〝きんさんぎんさん〟とあった。

高齢化が進み、いまは１００歳以上のお年寄りが珍しくはない。その数は全国に4万５０００人という。しかし、20年前の当時、１００歳以上のお年寄りはおよそ３０００人。双子姉妹が元気で１００歳を迎えるのは、稀有《けう》なことだった。

とはいえ、きんさんぎんさんの存在は地方紙で紹介されただけで、全国的にはまだ知られていなかった。

「この双子姉妹に会ってみたい」

その思いを強くして、『女性セブン』の取材で、私（筆者・綾野）は名古屋に向かった。

新幹線で昼過ぎに名古屋に降り立ち、冷雨が降りしきるなか、ぎんさんの家を、やっとのことで探し当てたときは、午後9時をまわっていた。

「ごめんください、こんばんわぁ」

玄関の格子戸越しに大きな声で叫んだが、なんの応答もない。家の中に明かりはついているが、しーんと静まり返っている。格子戸をそっと引くと、すーっと開いた。

「ごめんください、お留守ですかぁ」

玄関に足を半歩ほど入れ、また叫んでみた。もう、泥棒ととがめられてもいいような体《てい》である。すると奥から腰を半分ほど曲げたおばぁちゃんが現れた。ぎんさん、その人であった。

「あんた、誰だね、こんな遅ぎゃあ時間に」

私は自己紹介をし、ここを訪ねてきた理由を話した。すると、ぎんさんはしげしげと私を眺めた。

「おみゃあさん、泥棒のような顔はしとらんな。まあ、雨もひどうなってきたようだし、上がりゃんさい」

いわれるままに、座敷に上がりこんだ。それがぎんさんとのおつきあいの始まりだった。芸術作品のように刻まれたぎんさんの顔のしわに見とれながら、しばらく話し込んでいると、そこへスタスタッと中年の男性が現れ、目を丸くした。

「あんた、いったいなんだね。図々しく人んちの座敷まで上がり込んで……。ばぁちゃんもばぁちゃんや」

それが、ぎんさんの孫・好直さんだった。彼が怪訝《けげん》な顔をしたのも無理からぬことだった。まだ、双子姉妹へのマスコミ取材はほとんどなく、対応にもためらいがあったのだ。

美根代さん「そうそう、驚いたというより、面食らったがね。だって、ただの年寄りが、なんでそんなに珍しがられるんだろと、不思議でしょうがなかったがね」

こうして『女性セブン』での連載『きんさん・ぎんさん物語』（’91年～’92年）が

スタートし、日がたつにつれてマスコミからの取材が増えるようになった。だが、このころ、姉のきんさんは体調が思わしくなかった。

心配した妹のぎんさんは、車で15分ほどのきんさんの家をちょくちょく訪ねた。

ぎんさん「おみゃあさん、どして寝てばかりおる？」

きんさん「んなこというてもな、口ん中が神経痛になってしもうてな。わしゃ、ちいーっとばかし、気がよわーなってきた」

ぎんさん「なんじゃて、口ん中が神経痛!? そりゃあ、珍しいがね、アッハハハハ」

きんさん「唇がな、しびれたみたいでにゃあ。好きなうなぎ食うても、味がわからんようになってしもうた（笑い）」

口だけではない。きんさんは足腰も弱り、長く歩くことができなくなっていた。

そんな姉に妹は、こうアドバイスした。

ぎんさん「おみゃあさん、家ん中に閉じこもっておらんと、ちぃーっとは外に出て歩かんと、足がくさってしまうでぇ。運動せにゃ、頭もボケちまうよ」

だが、きんさんは「この年になって、いまさらそんなことしてなんになるきゃあ」と、耳を貸さなかった。

百合子さん「そうそう、最初のころは、テレビの取材にもな、きんさんは黙りこくったまんま、まるで元気がなかった」

それでもこの年の暮れ、きんさんとぎんさんは、『ダスキン』や『通販生活』のCMに登場。「きんは１００シャア！」「ぎんも１００シャア！」で、全国的にその名を知られるようになる。

明けて翌'92年（平成４年）のお正月が過ぎたころから、テレビのワイドショーや新聞、雑誌などの取材陣が、わんさか押しかけてくるようになった。

美根代さん「もう、テレビのカメラが５、６台もはいって、そりゃあ、てんやわんや。満員御礼状態になって、襖《ふすま》と障子をな、ぜーんぶ取っ払って大きな広間にするしかなくなっただが」

千多代さん「来る日も来る日も、マシュコミの人が来て、それがすごい数だった。ほんと、こんうちの床がにゃあ、抜けるかと思うたよ（笑い）」

年子さん「そうやった。私ら４人のおるところがのうなって、庭に出て眺めとるしかなくなったがね」

そんななか、不思議なことが起きた。

テレビの収録でライトを当てられるたびに、あれほど元気のなかったきんさんの表情が、生き生きと輝くようになったのだ。

いや、きんさんのほうが、取材の受け答えの主導権を握るようになり、ぎんさんのほうが、「姉のいうとおりです」と、立場が逆転するまでになったのだ。

百合子さん「人に注目されるようになって、きんさんは〝これではいかん〟と、うちのおばぁさん（ぎんさん）に負けじと、気力を燃やすようになったんだがね」

千多代さん「きんさんが100歳で足腰を生き返らしたのは、これはすごいことだったよ。あの気力にはにゃあ、ぶったまげて、もう脱帽だったよ」

姉・きんさんが〝やる気〟を見せるようになったことに安堵したぎんさんは、4人の娘たちにこう語りかけた。

《顔のしわは増えても、心にしわを生やしちゃ、世の中が面白のぅなるでにゃあの》

美根代さん「テレビに出るだけでも大変なのに、おっかさんは〝何か面白いことをいわにゃあ〟といつも考えてござったよ。そうやって心に生えるしわを防いどった母は、やっぱりたいした人だったと、このごろようやくわかるようになっただがね」

その感懐に、他の3人が〝そう、そう〟と相槌を打った。

ぎん言㉑

老後のために、たくわえることにします

テレビに出れば、並のタレントも顔負けの愛嬌とユーモアセンスを披露。いつまでもかくしゃくとし、大病もせずに長生きする……そんな人々の願望を具現化したきんさんぎんさんの存在は、全国の人々に希望を与えた。

１９９３年（平成5年）3月、ふたりは、名古屋市の熱田税務署を訪ねた。なにしろ、前年度はＣＭやテレビの出演料などの所得があり、生まれて初めての確定申告をすることになったのだ。

「テレビ局などからもらったお金を何に使いますか」と取材陣から聞かれたぎんさんは、

《老後のために、たくわえることにします、ハイ》

そう答えて、居合わせた人たちの笑いを誘った。

この年の5月20日、きんさんぎんさんにとって、生涯最良の日が訪れた。東京の赤坂御苑で開かれた「春の園遊会」に、天皇・皇后両陛下からお招きを受けたのだ。これまでの招待者の中でも最高齢のふたり。上京する前日は、なかなか寝つけなかった。

いよいよ園遊会が始まった。ふたりの人気は、ここでも絶大だった。招待客がふたりのもとに殺到し、一緒に記念撮影をしようと、順番を待つ列まで できるほどだった。やがて、両陛下がお出ましになった。

「お元気ですね。目の手術のほうは、良くなりましたか」

きんさんぎんさんは前年に白内障の手術をしており、天皇陛下から、こうお言葉をかけられたのだ。

「はい。天皇陛下のおかげです。とってもよく見えます」

ぎんさんが緊張いっぱいで答え、

「このたびは、皇太子殿下のご結婚が決まり、なんともおめでとうございます」

と、持ち前の度胸で祝福の弁を述べた。皇太子さまと雅子さまは、翌月に結婚の儀を行うことが決まっていた。すると、皇后陛下がにっこりと微笑《ほほえ》みかけられ、

「どうも、ありがとう。お体を大切に」

と、やさしくいたわられた。

そんなふたりは国民的アイドルとなり、行く先々でまるで芸能人のように、色紙にサインを求められるようになった。それまで、ほとんど文字を書くことに無縁だったふたりは、慌てて〝成田きん〟〝蟹江ぎん〟と、フェルトペンを握って練習を始めた。そして正直、びっくりするほどサインがうまくなった。

そんなふたりを眺めながら、私は〝驚くべき１００シャア〟の感を深くした。というのも、『女性セブン』の連載を始めるとき、〝１００歳のばぁちゃん〟に話を聞くのは、きっと難儀なことだろうな!?　心なしかそんな危惧を抱いていたのだ。

ところがご両人とも頭の回転がよく、ポンポンと答えが返ってくる。ときにはダジャレの連発となり、笑いすぎて腹が痛くなることもしばしばだった。だが調子にのっていると、ガツンとやられる。つまらない質問をすると、ぎんさんは即座に、

《くだらんにゃあ、もっとわしがきゃんしん（感心）する質問をしえんかぁ！》

といい、平身低頭せねばならないこともたびたびとなった。

一方、姉のきんさんは、インタビューが嫌になると、右手を上げて〝サヨナラ〟のしぐさを始める。それでも続けていると、やんわり目をつむり、やがてコックリ、コックリと居眠りをしたふりをする……。私は、これに二度ばかり遭遇し、頭をかかえる羽目になった。

ぎん言22

長生きしゅるんも芸のうち

1992年（平成4年）のお正月から過熱しだしたきんさんぎんさん人気は、日を追うごとにまるで桜前線のように全国へと広がっていった。

NTTが発売したふたりの写真入りのテレフォンカードは、たった1週間で6万枚が売り切れてしまい、ふたりの語りと子供たちの歌がはいったCD『きんちゃんとぎんちゃん』も発売された。

翌'93年（平成5年）の夏には、国内のマスコミばかりではなく、はるばるイギリスやオランダからも、テレビ局や新聞が取材にやってきた。そんな夏も終わりのことである。

お昼すぎ、蟹江家にぎんさんを訪ねると、縁側で真剣に新聞を読んでいるところだった。「ばぁちゃん、夏バテもせんで元気だねぇ」、そう声を掛けると、かぶりを振ったぎんさんがにこっと笑い、

「ユア、ウェルカム、ウェールカム！」

大きな声でいって右手を伸ばし、握手を求めてきた。

「いったい、どうしたんですか!?」

笑いながら怪訝《けげん》な目を向けると、ぎんさんが眼鏡越しににっこりして、また叫んだ。

「ユア、ウェルカム、ウェールカム！」

理由を聞くとこうである。アメリカの通信社が取材に来て、そのときに英語を2つ、3つ覚えたのだという。

美根代さん「そうそう、思い出した。あんときは誰かが訪ねてくると、〝ユア、ウェルカム！〟の大安売り。朝起きると、そんころ小学生だった3人のひ孫たちに〝グッド・モーニング〟、夜は〝グッド・ナイト〟と、もう、母はひとりで有頂天だったがね（笑い）」

普通、年齢を重ねるごとに私たちはどうしても保守的になり、新しい物ごとへの興味や挑戦する気力も失せてしまいがちである。ところが、ぎんさんは新しいことへの順応性が極めて高く、その脳の柔らかさに、しばしば目をパチクリせねばならなかった。

やがてきんさんぎんさんは、様々なイベントにゲストとして招待されるようになる。１０２歳になった母親と伯母（きんさん）が心配で、その現場には4姉妹のうちふたりが代わる代わる付き添った。

百合子さん「もう20年も前のことだけど、私ら娘といっても、みんな70代でしょ。いやぁ体がきつかった」

年子さん「あのころ、私は80歳。両手にいっぴゃぁ荷物さげてな、急げぇたって走れやせんわ。とにかく、こっちははぐれんように追いかけるだけで、もう精一杯やった（笑い）」

北は北海道から南は沖縄まで、いや、台湾からもお呼びがかかった。そしてその行く先々で〝１００シャアのアイドル〟はたちまち大勢の人たちに取り囲まれた。「長寿にあやかりたい」と、みんなが握手を求めてくる。ところが１００歳をとうに超えた双子姉妹の両手の皮膚は、和紙のように薄くなっている。

美根代さん「きつぅ握られると、ペロッと皮がむけるがね。何度か、きつぅ触れられて青痣《あざ》ができてなかなか消えんようになって困ったよ。そいだで〝みなさん、触らんでください、触らんでください〟ちゅうて、声を嗄《か》らしてガードせんといかんかった」

千多代さん「そうじゃった。そしたら〝あの双子姉妹は有名になって、えばりくさっとる。手ぇぐらい握らせてくれてもええじゃないか〟って、そんな声が聞こえてきた」

だが、きんさんぎんさんは、どこに行っても愛敬《あいきょう》たっぷりの笑顔を見せた。

「私らは、ただ長《なご》う生きただけの年寄り。だけんどこうなったら《長生きしゅるんも芸のうち!》――これからその心意気で、もうちょっと生きてみるかにゃあ」

あっけらかんといった、ぎんさんの笑顔がいま、懐かしい。

ぎん言㉓

地獄、極楽はな、この世にあるよ。それはにゃあ、みんな自分がつくっとる

数え切れない人たちと触れ合うことになったきんさんぎんさん。その中には、有名人との交流もあった。

そのころ、ぎんさんの好きなテレビ番組は、２０１１年（平成23年）をもって放送終了となった『水戸黄門』だった。ちょうど名古屋の御園座《みそのざ》で『水戸黄門』の芝居が公演中で、ぎんさんは長女の年子さんに付き添われて、その芝居を観に行った。

そのときの黄門さま役は、西村晃（享年74）だった。

その日の公演が終わり、御園座の楽屋を訪問したぎんさんは、いよいよ黄門さまとご対面！

西村「うひゃあ、こ、これはこれは、100シャアの御隠居さまのお出ましぃ（笑い）」
ぎんさん「いやいや黄門さま、わしは、まだ隠居はしておりませぬ」
西村「おっと、これは失礼なことを申してしまいました」
歓談したあと、黄門さまから直筆のサイン色紙を頂戴したぎんさんは、少し真顔になった。
ぎんさん「ところで黄門しゃま。じぇひともお願いしたいと思うてたことがありま す」
西村「は、なんでしょう!?」
ぎんさん「テレビのニュースを見とると、人のお金を懐に入れる政治家がおるでしょ。ああいうのを、じぇったいに懲らしめてもらわんといかん」
西村「とくと拝聴しておきます。これからもどうか、精一杯に長生きしてくださいよ」

ある日、きんさんぎんさんは、かねてからのファンだった五木ひろしが公演中の御園座を訪ねた。幕間に楽屋で五木に会ったふたりは、まるで少女のように頬を赤くした。

五木「いやぁ、お元気ですねぇ。その元気の秘密を教えてください」

きんさん「それはですよ。テレビであんたの歌を聴かしぇてもらえるからですよ」

五木「まーた、うまいなぁ、お世辞が……（笑い）」

ぎんさん（少しもじもじしながら）「あのう、お願いしたいことがあるじゃがねぇ」

五木「なんですか？」

ぎんさん「あのね、ここで、ひとつ、うとうてもらえんだろうか」

五木（驚いて）「えっ、ここで!?」

　幕間の慌ただしい最中に普通なら断るところ。だが、ほかならぬふたりのリクエストに、五木は快く応じた。そしてアカペラで、五木は『長良川艶歌』を、ゆっくりと歌い始めた。

千多代さん「そんとき、私が付き添って行ったが、びっくりしたよぉ。長い歌手生活でもな、伴奏なしに、たったふたりのために歌ったのは初めてのことだと、五木さんが苦笑してござったにゃあ」

そして、ふたりがびっくりしたのは、当時、〝霊界の宣伝マン〟で名を馳せていた俳優の丹波哲郎（享年84）に会ったとき。テレビのワイドショーのスタッフとともに、賑々《にぎにぎ》しくぎんさん宅に参上した丹波先生。あいさつなんてそこそこに、お説教を始めた。

丹波「いやあ、これはこれは、おふたりお揃いで。うん、いい顔ですなあ、光輝いていられる。だが、いいですか。あなたがたは、いつお迎えが来ても、決して慌てちゃいけませんぞ」

きんさん（ポカンとした顔で）「こん人が、あの世のことを知ってる人か……!?」

ぎんさん（疑わしげな表情で）「そういうことらしい」

丹波「いいですか。人間が死ねば、まず幽体離脱《ゆうたいりだつ》といってですな、全身から霊を発して、ぽかーんと、そう、ちょうど、この天井あたりに、しばし浮かぶんです。いいですかぁ」

きんさんぎんさん（顔を見合わせて）「うーん……!?」

丹波「さーて、この幽体離脱のあと、天上界にたどり着く旅が始まる。だが、この天上界には、そう簡単に行くことはできない。いろいろ階級があるんだよねぇ、これが……」

きんさん（小声で）「おみゃあさん、この人のいうとること、わきゃるか」

ぎんさん「わきゃらんな。いや、わきゃったようでわきゃらん」

あの世の話を、口角あわを飛ばす勢いでしゃべる丹波先生。きんさんぎんさんの意見を聞くこともなく、意気揚々と帰っていった。

そのあと、ぎんさんは、どうにも収まりがつかない。

ぎんさん「そんな、あの世に行ってまで階級があるなんて。そんなふざけた話、わしにはピンとこん」

そして、いみじくもこんな〝ぎん言〟を遺した。

《地獄、極楽はな、あの世じゃなくて、この世にあるもんだよ。それはにゃあ、みーんな自分がつくっとる》

百合子さん「おっかさんのいわしたこの言葉……。私は、いまもにゃあ、自分の心がいじけたときの戒めにしとるよ」

きんさんぎんさんの名が日本中に知れ渡って3年半ほどがたった'95年（平成7年）8月。ふたりは満103歳の誕生日を迎えた。この間、ふたりが受けたマスコミの取材は、3500回を優に超えた。一時は芸能人なみにスケジュールがびっしりで、空白の日は週に1日もないという状態が続いた。そんなフィーバーぶりに、気になったのがふたりの健康状態だった。

まさか過労死なんてことは……!? 正直いって、〝きんさんぎんさんブーム〟に火をつけたひとりとして、少なからず責任を感じ、テレビを見ながらしきりに気を揉むようになった。

「100歳を過ぎた老体で、あんなにテレビに顔をさらさなくても……」

人気が高まる一方で、そんな批判的な声も聞かれた。嫌がるふたりを家族が無理にテレビに出させて、出演料を稼いでいるのだろうと、穿《うが》った見方が雑誌に載ったこともあった。

美根代さん「確かにいろいろいわれたにゃあ。あること、ないこと……。けんど、それは違っとった。テレビに出るのは、あくまで本人たちの意志だっただがね」

千多代さん「そう、いやなときは、誰がなんといおうと、頑として断っていらしたよ。ふたりとも、自分の気持ちを大事にしながら、テレビに出るのを楽しんでござった」

百合子さん「テレビの取材がないと、〝なんだか気が抜けたみたいで、寂しいにゃあ〟と、おっかさん、ポツリといわしたの、いまもよう覚えとる」

80歳近い女優が、舞台でかくしゃくとして、しかも女の艶を匂わせるように、きんさんぎんさんも、他人に見られることで心にみなぎる張りが生まれ、あの笑顔がいっそう美しくなったのだった。

ただ、テレビなどの取材やイベントに招かれると、外に出かけなければならない。そんなときは、ニコニコ顔をつくって面白いことをいったり、つらいことを我慢しなければならないこともある。

美根代さん「それでストレスがたまって、家に帰ってくると、母はよく私に八つ当たりしてねぇ。なんだかんだいって、突っかかってきただが。

もうふたりでケンカになってね。当たり散らされる私は閉口したけど、まあ、娘だから仕方ないと思うしかなかったわ」

千多代さん「そうそう、それがおっかさんのストレス発散法やったな。カーッと頭に血がのぼって、血流がようなったのかもしれん」
百合子さん「ほいだで、美根ちゃんはあのブームのかげの犠牲者だったと思うよ（笑い）」
美根代さん「私にカッカと八つ当たりするたびに、また元気になって、テレビに出るのを楽しみにしとった。その繰り返しだったがね」
当意即妙のぎんさんの面白トークの裏には、娘・美根代さんの並々ならぬ〝我慢〟があったのだ。

ぎん言㉔

こんなに悲しいことはありましぇん。あの人は親のようでした

〝きんさんぎんさんブーム〟は、高齢化する社会を背景に、年を追うごとにエスカレートした。

年子さん「ときには、お祭り騒ぎみたいに、ふたりのもとにいっぺぇ人が押し寄せてきた。私らもテレビに一緒に出たり、あっちこっちのイベントにおばぁさんたち（きんさんぎんさん）と参加することで、世間のことがようわかるようになっただが」

百合子さん「それにな、おばぁさんたちに負けちゃおれんと、私ら４人の顔も生き生きするようになった」

千多代さん「ほんと、百合子のいうとおりだな」

いま、あのブームを振り返ると、きんさんとぎんさんは、ただの100歳を過ぎた老人ではなかった。100歳にして、タレントとしての花を見事に咲かせたのである。それまでその才能が埋もれていたか、あるいは道草をしすぎていたのかもしれない。そう思えてならないのだ。

そんな〝きんぎん現象〟は、それから7年あまり続いた。そのアイドル並みの人気が、徐々にかげりを帯びるようになったのは、'99年（平成11年）、秋も初めのことだった。

妹・ぎんさんは、すこぶる元気だったが、姉のきんさんが体調を崩し始めたからだ。テレビの取材やイベントなどにも、ぎんさんがひとりで姿を見せることが多くなった。

明けて2000年（平成12年）、お正月が過ぎたころ、きんさんは風邪をこじらせて、寝込む日が続くようになった。

そして、1月23日、きんさんは、眠るように107歳の生涯を閉じた。

かけがえのない姉・きんさんの訃報を、娘の美根代さんから知らされたぎんさん

は、

「えっ、な、なんだで⁉」

と絶句した。そのあと、「まー、どうするだ、どうするだぁ」と大声で繰り返し、ベッドに横になると、頭からすっぽりと布団をかぶって黙り込んだ。

美根代さん「明治生まれの母は、人に涙を見せるのが嫌だったから、私にさえも涙を見せとうなかった。そいだで、布団をかぶってしまっただがね。ほんと、きんさんが亡くなったってことは、母にとって言葉で表せん衝撃だったと、あのとき、しみじみ思ったよ」

その日、午後４時過ぎ、傷心のぎんさんは、自宅で報道陣に囲まれた。涙を見せまいと必死で堪えたぎんさんは、

《こんなに悲しいことはありましぇん。長いあいだ、親子みたいに生きてきたで……、あの人は、私の親のようでした》

そういうと「ふう」と息をつき、横に倒れそうになった。

その右目には、いまにもこぼれそうな涙の粒が光っていた。

夕暮れ、美根代さんに付き添われて、きんさんが暮らした成田家を訪ねたぎんさ

んは、ものいわぬ姉と対面した。

「なんで……、しゃべらん。なんで、こうつべたい（冷たく）なったあ」

そうつぶやき、通夜から帰ったあと何も食べず、ベッドの上で、頭から布団をかぶってしまった。

美根代さん「やっぱり、きんさんが亡くなってから、気力がぐんぐん衰えただがね。競争する相手がなくなって、母の胸ん中にぽかーんと穴が開くようになったのは、それからのことだったにゃあ」

ぎん言㉕

人間、大事なのは気力だがね。自分から何かをする意欲を持つことだがにゃあ

明治、大正、昭和、平成と４つの時代を生き抜いたきんさんとぎんさん。その生きざまは、４姉妹にも少なからず影響を与えているが、ふたりの絆を強くした、きんさんぎんさんの40代ごろまでを駆け足でたどってみたい。

＊

むかーし、むかし
尾張の国は鳴海というところに、
働きもんの百姓夫婦が
住んでおっだと。

2年ほど子宝に恵まれんかったども、
ある日、いっぺんに、
ふたーりのかわいい女の子を授かった。
夫婦はたいそう喜んだ。
そして名前を、金、銀をもじって、
〝きん〟と〝ぎん〟と名付けただと。
きんきらきんのぎんぎらぎん。
ふたーりの娘はすくすく育ち、
それから100年がたった。

＊

ふたりが生まれたのは、日清戦争が勃発する2年前の1892年（明治25年）8月1日。農業を営む父親・矢野熊吉さんと母親・ゆかさんのあいだに生まれた。（以下、ふたりのコメントは、当時の取材ノートから抜粋）

5つ、6つのころから畑仕事を手伝った双子姉妹は、尋常小学校に入学したが、学校はふたりで1日おきに行った。

ぎんさん「おっかさんが体が弱かったで、妹や弟の世話に、そいから家事もせにゃならんかった。そいだで代わりばんこで１日おきに行って、習ってきたことを夜さり（夜）、休んだほうに教えたんだわ」

きんさん「昔はにゃ、双子は珍しがられて、変な目で見られて〝おーい、双子が来たぞう！〟とえらい囃《はや》されたな」

ぎんさん「ガキ大将たちに囲まれて、石ころさ、ぶっつけられたこともあった」

学校から帰ると子守りに始まって、畑の草むしり、食事の仕度と休む暇もない。まだ10歳そこそこのふたりは、互いをかばい合い、励まし合って家のために働いた。

そして、花咲く乙女時代を迎えた。

きんさん「よう働いたな。畑は１年３６５日あるだがね」

ぎんさん「えらかったんは、肥をやることやったな。肥桶かついでエンヤラ、コラヤとようやったがな（笑い）」

15歳ごろから機織《はたお》りを覚えるために蚕を飼い、繭から紡《つむ》いだ糸で布を織った。その布で着物を縫うことを、母・ゆかさんが教えてくれた。〝おなごの基本は、裁縫なり〟を守り、夜遅くまで針仕事に励んだきんさんぎんさんは、やがて18歳の春を迎えた。

そして、きんさんは成田良吉さんと見合い結婚。その3年後、妹のぎんさんが蟹江園次郎さんと、やはり見合い結婚。ぎんさんは、21歳で新妻となった。

成田家に嫁いだきんさんは、翌年の春、第一子を身ごもった。

きんさん「そんころ、嫁は農家にとって、でぇじな働き手だから、畑の仕事は一日も休めん。大きな腹かかえて、ヨイショ、コラショと、もう産むその日まで野良へ出とった」

生まれてきたのは女の子。その次も、またその次も女の子。当時、嫁は家督を継ぐ男児を産むことを否応なしに期待され、きんさんは姑と顔を合わすのが辛くなった。

そして、遂に6人目で男児を出産。嫁としての役目をひとまず果たした。

しかし、妹のぎんさんは、ずーっと肩身が狭かった。

ぎんさん「産婆しゃんがいうたんは、わしは女腹でにゃあ。とうとう5人とも女。わしはあきらめがええほうだから、もう開き直ったがな（笑い）」

20歳から38歳までの18年間に、姉・きんさんは、夫・良吉さんとのあいだに、11

人の子供（４男７女）をもうけた。そして、このうち５人を幼児のとき、病気で亡くしている。

一方、姉のきんさんとは対照的に、子づくりでは控え目だったぎんさんだが、愛児を失う悲しみを体験している。次女の栄さんが３歳になったばかり、１９２０年（大正９年）のこと。ぎんさんが28歳のときであった。

ぎんさん「そんころ、幼児に〝はやて〟という病が流行《はや》ってにゃあ。すっごい熱が出て、下痢がひどうなって、ひきつけを起こすだわ。だどもそんころは、救急車なんてありゃすことか。夜中に診んきてくれる医者もありゃすか。〝死ぬでにゃあよ、死ぬでにゃあよ〟と、濡れ手拭いしぼって、体冷やすしかなかった」

夜が明けて、父親が娘を背負い、ぎんさんがそのあとを追って町の医者へ走った。

ぎんさん「５里（20㎞）の道を駆けただが。そいで診てもろうたが、薬もにゃあ、注射なんてありゃすか。医者は聴診器あてて脈を測るだけで、なんの手当てもようせん。

あのころは、医学が発達するなんていう前の段階でしょ。それも田舎だで、助かるもんも助からなんだ」

その帰り道、父親の背中で我が子は息を引きとった。

ぎんさん「悲しかったよ、かわいそうなことしただが……。

ンで、もう腹がたった。もっと医学が発達しとったら、娘を死なせんでよかった。

ンだから、わしは思うた。早うそんな世の中が来てほしいとな」

ともに我が子を亡くした体験を持つきんさんぎんさん。

ふたりは、人生の節目、節目で互いにいちばんの相談相手となり、戦中、戦後の激動の時代をたくましく生き抜いたのだ。


きんさんとぎんさんは、互いに相手を思いやる気持ちを大切にしながら、その一方では、このうえない〝ライバル同士〟でもあった。

美根代さん「そうだったねぇ、ライバル心は強かったよ。互いに負けちゃならんという競争心で切磋琢磨《せっさたくま》して、寿命をどんどん延ばしただがね」

そのライバル意識は、ふたりが〝100シャアの双子姉妹〟として知られるようになったころから、ますます頭をもたげるようになった。

そのころ、姉・きんさんは、外に出歩くのを嫌い、家の中に閉じこもっていることとが多かった。'92年（平成4年）のお正月、ふたりはテレビ番組の収録で名古屋城に出かけた。その折にぎんさんは、なんと自分で歩いて、スタコラと天守閣まで昇り、周囲を驚かせた。が、きんさんといえば、孫におんぶされてようやく天守閣にたどりついた。

ところがこのとき、きんさんの胸に「妹なんぞに負けてなるきゃあ！」というライバル意識がムラムラッと燃え上がったのだ。

「よし、わしも負けんで足腰を丈夫にする！」

ぎんさんに刺激を受けたきんさんは、翌日から人が変わったように積極的になり、せっせと散歩に励んで、足腰を鍛えるようになった。そのライバル心は、さらにこんなところにも向けられた。

美根代さん「ある日、きんさんの家に行って帰ってきた母が〝きんは、自分専用の茶だんすを持っとる。わしにはないにゃあ〟というて、それからがたいへん。買ってくれといわんばかりの素振りを繰り返すでしょ。とうとう専用の茶だんすを、しつらえることになったただが」

かと思うと、逆にぎんさんが長いソファで、ゆったりとテレビを見てるのを羨ましくてたまらなくなったきんさんは、ソファを買ってもらうことに成功した。

そんな姉・きんさんが〝悔しい！〟と地団駄を踏んだのは、妹・ぎんさんには、１０３歳で歯が5本もしっかりと残っていることだった。一方のきんさんの歯は、85歳ごろにみんななくなってしまった。

千多代さん「そいでおっかさんは、残った宝もんのような5本の前歯をな、毎朝、丹念に粗塩《あらじお》で磨いてござった。そのあと、柔らかいタオルでにゃあ、1本1本をていねいに拭いて総仕上げしただが。そして、こういわしたな」

《人間、大事なのは気力だがね。自分から何かをする意欲を持つことだがにゃあ》

年子さん「気力で5本の歯を残したおっかさんは、やっぱし、たいした人じゃったな」

だがどっこい、妹に負けてはいられないと、きんさんは硬い牛肉も歯茎で噛み切る意地を見せ、「妹にゃ、負けましぇん」と、高らかに笑ったのだった。

人はだれでも、身近に競争相手がいれば奮起するバネもでき、目標が持てるものだ。１００年の時を超えて、いつも隣にいるライバル。互いの存在感と、意地の張り合いが、〝100シャアのアイドル〟の衰えを知らないパワーの源だったのであろう。

美根代さん「やっぱし、長い長いあいだ、互いに意識して、いい意味で張り合ったんだもん。きんさんが亡くなってから、ガタンと気落ちするようになった母の胸ん中……。いまごろになって、ようわかるだがね」

百合子さん「うん、ようわかる。けど私ら4人には、意地の張り合いちゅうか、ライバル心ちゅうのは、ほとんどないなぁ」

千多代さん「ないにゃあ。私らには、ライバル心ちゅうより、誰かが困ってたら、何とかしてやらんにゃあという〝情〟のほうが強い」

年子さん「ほんなら、おっかさんたちを見倣《なら》って、これから丁々発止とケンカして、ライバル心を燃やしたほうがええんだろうか（笑い）」

美根代さん「私らがライバル心燃やしたら、ただの大ゲンカになるだがね。ヘタに真似せんほうがええよ（笑い）」

コラム

あんねぇは、フクロウみたいに夜行性!?

千多代さん「このごろな、夜中に目が覚めて、なかなか眠れんようになるだが。もう、往生しとるよ。なんとかならんものだろうかぁ」

千多代さんが、ちょっぴり顔をしかめてこんなことをいい出した。

夫に先立たれた長女の年子さんは、10年ほど前から、千多代さんのもとで、一緒に暮らすようになった。千多代さんもひとり暮らしだったから「ふたりで仲良くやりましょう」と、互いに助け合っての共同生活が始まったのだ。

ところが1か月ほど前からときどき、夜中に布団の中で、年子さんが何やらぶつぶついうようになった。

千多代さん「初めはにゃあ、100歳も近いだでね、あんねぇ（年子さん）も、いよいよボケ始めたのかなと、そう思うたの。ところが、とんでもにゃあ。ちゃんとわかっていぅとるがね」
百合子さん「そりゃあ、たちが悪い。そいでも、ちいしゃい声でいってるんだろ」
千多代さん「とんでもにゃあ、隣で寝ている私に聞こえるように、大きな声でいぅの。その日、気にいらんことがあったら、〝ああ、悔しい〟とか、〝私のことを馬鹿にしくさって〟とか、そりゃあ、ワー、ワー、騒ぐだがね」
美根代さん「あんねぇは、ストレスがたまりすぎてるんだがね」
年子さん「（ようやく口を開いて）そう、ストレスがたまってるとき、千多代に聞こえるようにぶつぶついうと、そのあと、ぐっすり眠れる。だから、自分でもたちが悪いと思ぅ（笑い）」
千多代さん「おかげで、私は眠れんでね。足を蹴とばそうかと思うけど、そんなことしたら、ますますエスカレートするから困ったものだで（笑い）」
年子さん「昼間、ぐうぐう寝てるから、夜中になると、エネルギーが湧いてくる」
千多代さん「まったく、よくいうよ。フクロウみたいに夜行性で……。あんねぇのたわ言で、もう、私のほうが先に逝きそうだがね、ほんと（笑い）」

ぎん言 26

人間、あすんどるのがいちばんいかん。体を動かさにゃ、くさってしまうでぇ

100歳を過ぎてから、ぎんさんは、年を追うごとに元気旺盛になった。

《人間、あすんどる（遊んでる）のがいちばんいかん。とにかく、体を動かさにゃ、くさってしまうでぇ》

それが口癖だったぎんさんは、ジッとしているのが大嫌いな性格だった。

美根代さん「105歳まで庭の草むしりをし、四季の花々を丹精こめてつくらしたな。暇があると、せっせと自分や家族の洗濯ものをたたむ。古い毛糸をほどいて、

ひ孫たちの手袋も編んだでね」

百合子さん「夏になると、古い着物をほどいて洗って、糊をつけてな、板に張って〝洗い張り〟をしてござった。どっちかちゅうとなまけもんの私には、おっかさんが見習うべきお手本だったわね」

一家の大黒柱を自負するぎんさんには、「わしが、この家を支えてきた」という、揺るぎない信念があったのだ。

「家族の帰りが遅いからと、おばぁちゃん（ぎんさん）だけ夕食の時間を早めると、〝わしをババにしてぇ〟と機嫌が悪うなってね。庭に木を1本植えるのにも、おばぁちゃんにお伺いを立てんといかんかった。とにかく、おばぁちゃんが弱味を見せたことはありませんでした」

ぎんさんの孫（好直さん）の嫁・万里さん（59歳）は、そう当時を述懐する。

ぎん言27

ときにはな、人のいうことを聞かんほうが、ボケせんでいいと違うか

ぎん言28

寿命、かぎり！明日のことはわきゃらん

そんなぎんさんは、普段はものやわらかな態度を大事にしたが、ここぞというときに顔を出す厳しさは、亡くなる寸前まで健在だった。

美根代さんが、ちょっとしたはずみで道理に合わないようなことをいったりする

と、

「おみゃあさん、おごるんでにゃあよ」

ぎんさんは、80歳近くになった娘をたしなめ、美根代さんは母親の前で畳に両手をついて、「私が悪うございました」と、幾度も頭を下げて詫びないと埒《らち》があかなかった。

美根代さん「そいだである日ね、あんまりだと思うて、〝おばぁさん（ぎんさん）、もうええ年だで、いい加減、憎まれ口もにゃあ、ほどほどにせんとな〟というただがね」

すると母・ぎんさんの口からこんな言葉が突いて出た。

《いや、ときにはな、人のいうことを聞かんほうが、ボケせんでいいと違うか》

そんな具合で、生まれつきの負けず嫌いを押し通すぎんさんに、美根代さんが〝不思議だな〟と思うことがあった。それは、人というのは、齢を重ねて１００歳をとうに超せば、たいがいのところ、〝いつお迎えが来るだろ〟とか、死が頭をよぎるものだが、ぎんさんにはまるでその素振りがなかったことだ。

美根代さん「これは、いまだから話せるだが、あるときね、冗談まじりで〝長生きもほどほどにせんとねぇ〟と、母にいうたの。そうしたら、〝そんなもん、わかるきゃあ〟と、えらい怒ってね。とにかく負けん気が強かった」
千多代さん「そりゃ、おみゃあさん、子も強けりゃ、親だって強いよぉ（笑い）」
百合子さん「そういやぁ、おっかさん、ナンマンダブもあんまりいわなんだな」
千多代さん「私もなぁ、あるときに、〝いつ、死ぬのぉ!?〟と、おっかさんに聞いたことがあった。ほんと、おかしな親子だがね。娘の私も私。母親に〝いつ、死ぬの〟って聞くんだから、普通の人が聞いたらぶったまげるよ（笑い）」
　このとき、ぎんさんは、あっけらかんとした顔で右手をちょっと上げると、こういった。
《寿命、かぎり！　明日のことはわきゃらん》
年子さん「ほんま、どっかのえらーいお坊さんの名言の如くにござるな。寿命はてんでにあたわったもんだから、死ぬことに迷いを持たんと、今日一日を一生懸命に生きろ、という教えだがね」

ぎん言㉙

自分のことは、自分でせにゃいかん。甘えちゃいけましぇん

「人間、気力というものがいちばんでしょう」

そういっていたぎんさんが、珍しく体調を崩したのは、1998年（平成10年）、5月半ばのこと。あと2か月ほどで、満106歳になるときだった。

息苦しさを訴えるぎんさんを病院に連れて行くと「右肺に水がたまり、呼吸困難になっている」と診断され、医師から2週間の入院が必要といわれた。ところが、ぎんさんは初日から抵抗した。

「そんなひどにゃー病気なのに、なんで入院せにゃならん」

入院して3日目、ぎんさんはベッドに縛りつけられているのに耐えられなくなっ

た。「窮屈で嫌だ、嫌だ」と繰り返すぎんさんを見かねて、昼間は病院、そして夕方になると自宅に連れ帰って看病することになった。

だが、ぎんさんには、右腕にまとわりついている点滴のチューブが気にいらない。

美根代さん「私や家族の目を盗んで、点滴をはずすだがね。そいでびっくりしたのなんの、ベッドの布団にポツポツと血がついちゃって……。

そいだで、点滴の針が抜けんように、スポーツ用のテープで固定して、それから肩くらいまで届く長い手袋をかぶせただが」

それでもぎんさんは、美根代さんがいない隙に点滴を抜き取ってみせた。

美根代さん「そいだで見張っておらんとあかんでしょ。それから10日間ほど、夜はろくに眠れん日が続いてね。でも、点滴を抜く意地がある限り、母はね、まだまだくたばらんと思いました」

美根代さんの思惑どおり、2週間もすると、ぎんさんは、病気が嘘だったみたいに元気を取り戻した。そして、

《自分のことは、自分でせにゃいかん。甘えちゃいけましぇん》

それが信条のぎんさんは、かくしゃくとして動き回るようになった。しかし、1年半が過ぎた'00年（平成12年）1月23日、ぎんさんの胸がうちひしがれる日がやってきた。かけがえのない姉・きんさんが、107歳の生涯を閉じたのだ。

美根代さん「きんさんが亡くなってから、母の体調がだんだん悪うなってね。それまでは〝あれが元気だで、わしもしっかりせんといかん〟というてたのが、競争相手がいなくなって、心ん中にあった枝がぽきんと折れたんだと思う」

母・ぎんさんの状態が心配になった美根代さんは、ぎんさんの部屋に続く隣の座敷で寝るようになった。夜中に襖をそっと開けて、母親の様子を気遣う日が続いた。

美根代さん「そのうち、びっくりするというか、困ったことが起きた。毎晩、夜中の1時ごろになると、母が大声でお経を唱えるようになってね。

そいでお経が終わると、今度は何やら訳のわからんことを、ぶつぶつとわめくようになって、もう、朝までまんじりともできんようになった。ほんと、あれには往生しただがね」

幸いに蟹江家から歩いて10分ぐらいのところに、三女・千多代さんと四女・百合子さんが住んでいた。

百合子さん「そうだったにゃあ。それで昼間、私らふたりが行っておっかさんを見守ることにして、〝いまのうちに寝といたほうがいい〟と、美根ちゃんを休ませることにしただが」

'00年の春も初めのころ、ぎんさんの肺に再び水がたまるようになり、呼吸困難となったため、酸素吸入器を使うようになった。在宅でこの処置ができたのは、近くの病院にぎんさんの掛かり付けの医師がいて、足しげく往診に来てくれたからだ。

そして、ぎんさんは、持ち前の生命力で快復し、その年の6月には自分で歩けるようになった。外出は控えたが、起きたいときに起きて、寝たいときに寝るという生活が続くようになり、4姉妹はひとまず安堵した。

そんなとき、美根代さんは新聞で「これからは、介護保険の時代だ」ということを知った。役所に申請すると、調査員がやってきた。

美根代さん「〝手が上がるか、足が上がるか〟とか、母にいろいろ質問して、その認定の結果が、いちばん重い要介護5。まさか、最重度になるとは思ってもいなかったけど、ときどき呼吸困難になるし、年も年だで要介護5になったんだとそう思うた」

こうして週に2回、訪問看護師さんがぎんさんのもとを訪ねて来るようになった。深夜にぶつぶついって、美根代さんを悩ませるぎんさんの状態は続き、軽い認知症が見られるようになったのは、秋も初めのことだった。

美根代さん「看護師さんから〝まだらボケでしょう〟といわれたけど、訳のわからんことをいうかと思えば、家族が話していることをうなずいて聞いているし、ずばりと本当のことをいう。母は演技をして、私らをからかっているんじゃないかと思うただがね」

そんななか、主治医から勧められ、美根代さんは週に1回、ぎんさんをデイケア（通所リハビリ）に託すことにした。介護から解放される時間が必要だと思ったからだ。

美根代さん「最初は〝そんなとこには行かん〟と首を縦に振らんかったけど、そのうち行くのが楽しみになって、デイケアではカラオケで『リンゴの唄』なんかを歌ってると聞いてね。私の知らなかった母の一面を見たような気がしました」

そして月に1回ぐらい、3泊4日のショートステイ（短期入所）も利用した。だが12月になり、ぎんさんの体力が徐々に衰えるようになった。

百合子さん「美根ちゃんだけに、母の介護をさせておくわけにはいかんだがね。私と千多代姉さんとで昼間は毎日、母の面倒をみるようにした」

美根代さん「ふたりが来てくれたで助かった。そいだで私は昼間、グーグー寝とれたから、夜中の世話ができたんだがね」

そのころ、蟹江家からだいぶ離れたところに住んでいた長女・年子さんも、5日おきぐらいに、母親の介護にやって来るようになった。こうして、老後という季節をとうに越した4人の娘たちによる老々介護が始まった。

暮れの12月28日、ぎんさんは、38℃の熱が下がらなくなり、すぐに主治医が来て点滴の処置が行われた。

千多代さん「新しい年が明けて、あれは1月3日だったかな。おっかさんが〝ご飯もいらん〟、〝水も飲みたない〟ちゅうて困っただがね」

栄養剤と、肺炎を防ぐための点滴が施された。そのとき美根代さんは、主治医にこう告げた。

「うちで母を介護しますから、どうなっても入院はしません。自宅の畳の上で、自然に最期を迎えさせてあげたいんです」

それは、4姉妹で以前から約束したことだった。そんな娘たちの気持ちに応えて、ぎんさんは必死で起き上がると、ベッドに腰かけて、両手をベッドにつけたまま、腰を上げ下げする練習を始めた。

美根代さん「たいていの年寄りなら寝ついて歩けなくなるのに、1月の終わりには、手を添えれば歩けるようになった」

年子さん「そうじゃった。あの気力ちゅうか、執念にはすごいもんがあったにゃあ」

そんなぎんさんも、2月の半ばになると、とうとう寝たきりになった。

百合子さん「あれは亡くなる3日前の2月25日やった。おばぁさん（ぎんさん）の顔相が変わってる、これは危ない、そう思うて、私が泊まって添い寝をした……」

翌2月26日は、駆けつけてきた長女・年子さんが泊まり込んで、ぎんさんの隣で添い寝をし、その翌日は、三女・千多代さんが、ほとんど寝ないで母を見守った。

そして永訣《えいけつ》の日は、静かにやってきた。

’01年（平成13年）2月28日、午前1時過ぎ、蟹江ぎんさんは、108歳の生涯を閉じた。それは、姉のきんさんが亡くなってから、ほぼ1年後のことだった。

千多代さん「ほんと眠るように逝って、ちいっとも苦しまなんだ。ほんとに幸せな人だったと思うよ」

美根代さん「母をね、在宅介護でおくることができたんは、夜中や休日でも、ここぞってときに往診してくれる先生がいたことと、介護をサポートしてくれた姉さんたちが、近くに住んでいてくれたからだがね」

あれから11年の歳月が流れ、長女の年子さんは、あと2年で100歳の大台を迎える。

美根代さん「七十何年も母親と一緒に暮らして、互いにいいたい放題でようケンカして、顔をしかめたこともあったけど、そんなんは、みんな一遍に吹っ飛んでしまっただが。

それでね、親というのは、いつまで生きとっても、邪魔にはならん。ずーっと生きてくれたほうがよかったと、このごろ、そんなこと思うことあるよぉ」

4姉妹の脳裏《のうり》にいまも、母・ぎんさんの強烈ともいえる生きざまは、鮮やかなまでに刻まれている。

コラム

ぎん言番外編
〝きんよりぎん〟の教え

「昨夜（ゆんべ）な、古いアルバム引っ張り出して眺めとったら、おっかさんがいうてござったことを思い出してね。夜中に、ハハハハ、ひとり笑いになっただがね」

ちょっぴり寝不足気味の百合子さんが蟹江家を訪ねてくると、しきりに両手で目をこすった。４姉妹の〝縁側談議〟が始まる。

千多代さん「ひとり暮らしで、夜中にひとり笑いだなんて、なんかぁ、気色悪いな（笑い）」

百合子さんがひとり笑いになったのは、いまから20年前の１９９２年（平成４年）2月――フランスのアルベールビルで開かれた冬季オリンピックのことを思い出したからだ。当時、母・ぎんさんは、すこぶる機嫌がよかった。

理由は、名古屋が誇るフィギュアスケートの女王・伊藤みどり選手が、銀メダルに輝いたからだ。早朝からテレビの前に座って、伊藤選手の出番を、いまかいまかと待っていたぎんさん。

「フヒャー！　銀メダル、銀メダルじゃあ、バンジャーイ、バンジャーイ！」

小躍《こおど》りして喜んだ。一緒にテレビを見ていた孫の好直さん（当時43歳）が、

「ばぁちゃん、惜しかったな。初回のトリプル・アクセルでこけなかったら、金メダルだったがな」

そういうと、１００歳のぎんさんは、

「そんなことはにゃあ。金よりも銀がいちばん。わしゃあ、ほんとにうれしい。胸がシュカーッとした」

と、すかさず孫を牽制《けんせい》したのだった。

美根代さん「ああ、思い出した。ほんとは母は、きんさんより10分ほど先に生まれたんだよね。だけんど昔は、双子は先に生まれたほうが、妹か弟になるちゅうならわしがあって、母は妹になってしもうた。それが悔しかっただが（笑い）」

千多代さん「ふかーく考えてみると、ほんとは〝銀〟じゃなくて〝金〟やったと思

うと、損したみたいな気にならしたんだわ」
年子さん「それが、みどりしゃんが銀メダルとってくれたから、やっとかめに（久しぶりに）、おっかさん、鼻がたこうなったってわけだぁ」
百合子さん「そういうこと。いやあ、おっかさんの姉・きんさんへのライバル心は、そんじょそこらじゃなかったよ」
千多代さん「ほんと、そんじょそこらじゃなかったにゃあ」

コラム

きんさんぎんさん&4姉妹の㊕茶飲み話――〝すっぽんぽん〟

きんさんぎんさんが〝100シャアのアイドル〟としてデビューを飾ったころ、世間を騒がせた出来事があった。あの宮沢りえが、写真集で〝すっぽんぽんヌード〟を披露したのだ。さすがのふたりも、びっくり仰天した。

（当時の取材ノートより抜粋）

ぎんさん「テレビを見とってにゃあ、目玉が飛び出るくれぇ、驚いたよ。あの子はほら、テレビの宣伝（CM）によう出てたでしょ。ああ、ええ子だな、かわいい子だな、そう思うとったら、すっぽんぽんだがね、ハハハハ、フヒヒヒ。

そりゃ、人様にお見せして、なんぼお金がとれるちゅうてもにゃあ、嫁入り前の娘が、なんであんなことすんのやろ!?　わしゃ、どうにもわからんな」
きんさん「そうだよ、私らの時代はにゃ、いっくら旦那さんでも、おなごが肌を見せるちゅうことは、恥ずかしいことじゃったもん」
ぎんさん「そうそう、オッパイ見しぇるのは医者シャマの前だけ。そいでも、恥ずかしゅうて恥ずかしゅうて、生きた心地せんかった……。それがなんでも、ぜーんぶ見せてるちゅうからにゃあ、いやはや、信じられん」
きんさん「日本のおなごはな、貞淑《ていしゅく》が何よりの魅力だったのにな。それを、ケロッと忘れてしもうたんだな。そうじゃないと、そう簡単にゃ、すっぽんぽんになれん」
ぎんさん「わしゃ、何億もろうても、よう裸にはなれん。殺されるちゅうなら、そりゃあ別の話かもしれんが、ハハハハハ。国際化ちゅうもんも、これは必要だけんど、すっぽんぽんになるまで、外国人かぶれしてしもうたら、ナシャケねえでにゃあの」
きんさん「ああ、ナシャケない、ナシャケない（笑い）」

＊

そして、４姉妹の「すっぽんぽん談議」は意外な方向に……。

百合子さん「いま、まーたね、裸の時代になってきただがね。こないだ、電車に乗ったらびっくりしたよぉ。若い女の子がな、みーんな、こんな短いスカートはいて、スケスケの服着てにゃあ。こっちが、恥ずかしくなるくらいだよ（笑い）」

千多代さん「いやだなぁ、なんで、そんな格好がええんじゃろ」

美根代さん「そりゃあ、流行だが。いまの若い女の子は、すっぽんぽんになるなんて、なーんとも思わんのじゃて。だって、男ん人が読む週刊誌や雑誌にもね、ヘア丸出しのがいっぺぇ載ってて、それが当たり前だっていうがな」

千多代さん「へぇーっ、いやだにゃあ、気持ち悪い」

年子さん「そんな、大事な自分の体をにゃあ、安売りしちゃいかん」

美根代さん「昔はね、そりゃあ、生きてくためにね、仕方なくそうせにゃいかん女の人もいたけど、いまは違うだが」

百合子さん「どう違うだがね」

美根代さん「いまは、お金じゃなくて、何でもファッション感覚で、すっぽんぽんになるんだと」

千多代さん「こういうとな、時代遅れといわれるだろがね。人間として生まれてきたからにゃあ、女は女としての慎みちゅうもんを、大事にせんといかんがねぇ。なんでもかんでも、ハーイ、見てちょうだいじゃ、なんの奥床《おくゆか》しさもないだが。ハクションか、ファッションか知らんが、どっか、変だがにゃあ」
美根代さん「変といえば、いまの若い男もだらしがないと思うよ。いつまでも親のスネかじって、定職にも就かんで、ぷーらぷらしとる若者が多いというだが」
百合子さん「そいだで、暇をもてあました末に、ムシャクシャするいうて、簡単に、見も知らんかった人をあやめるだがね」
年子さん「人をあやめるのが、当ったり前の時代になってしまったっていうのは、ほんと、これぇ恐ろしいちゅうより、悲しいことだがにゃあ」
美根代さん「こないだも、山口県で起きた〝母子殺害事件〟で、当時18歳だった犯人の死刑が確定したけど、これぇ、殺されたお母さんと女の子……、ほんと、かわいそうだよ」
百合子さん「18歳の少年が、あんなむごいことをやるちゅうんは、やっぱり、世の中もそういう下地をつくっとると違うだろかぁ」
千多代さん「そうそう、わしもそう思う。そいだでな、いまの若者の根性をにゃ、鍛え直さんといかん」

年子さん「どうやって、鍛え直すだで」

千多代さん「わしが思うんは、ほら昔は、徴兵制度ちゅうのがあっただがね。あれは戦争をするためだったけど、そうじゃのうて、男子は16歳か17歳になったら、1年か2年という間、みんな自衛隊に入隊するという制度をつくったらどうだろう。そうなりゃ、集団生活の中で、やわい根性もシャキッと鍛えられるがね」

美根代さん「そう、私もそれがええと思うだわ。たった1年でもいいから、そういう場で自分を鍛えんといかんと思う。いまの若い人には、なかなか精神を鍛える場がないだでね。自衛隊にはいって、自分をね、見つめ直す機会を持つっていうんは、これえ、大事なことだと思うけど、いろいろ反対意見は、そりゃあ、あるだろね」

百合子さん「そりゃ、あると思うね。だけんど、兵隊を養成するんじゃのうて、目的は平和な世の中をつくるためなんだからね」

年子さん「そうだにゃ、根性を鍛えるために、若い男ん人たちも、一度にゃ、心をすっぽんぽんにして、〝喝〟を入れにゃいかん（笑い）」

第4章

百歳までボケないための食事&生活習慣

2012年（平成24年）2月28日——いつもは昼下がりに集まる4姉妹が、この日は早朝から蟹江家に集まっていた。しばらく談笑した後、仏花や線香を手に、歩いて10分ほどのところにある墓地へと向かった。

「蟹江家先祖代々之墓」

そう刻まれた墓に水をかけ、布巾で丁寧に墓の汚れを落としていく。

四女・百合子さん「おっかさん、みんなで会いに来ましたよ。そちらもお天気いいですかぁ」

五女・美根代さん「なんだかんだと、うるさくて厳しい母だったけど、あっちに逝って丸11年がたったんだねえ」

4姉妹の母・ぎんさんが、108歳の生涯を閉じたのは'01年（平成13年）2月28日のこと。その12回忌の命日、墓前に並んで、てんでにお花とお線香を供えて手のひらを合わせる4姉妹。しばらく時間が止まったかのようになった。

三女・千多代さん「（つぶっていた目を開けて）普段はな、あんまし思わんけど、やっぱり4人揃うて手を合わせたら、ちいしゃいころがふあーっと浮かんできて、なんともいえん気持ちになる」

百合子さん「普段はにこにこしとるけど、ここぞというときには、そりゃあ、おそがい（恐ろしい）母親やった。ちいしゃいころ、流しで４人で夕食のかたづけしながら、ペチャクチャしゃべってたら、〝こらっ、ちゃんと身を入れて洗わんか〟ちゅうて、おっかさん、そこらにある釜の蓋やお椀をな、ぶん投げて怒ったもんだがね」

千多代さん「よう、怒鳴られた。叩かれたこともあったよ。でも、結婚して、姑にいびられて、地団駄踏むほど悔しかったとき、辛抱でけたのは、〝与えられたことは、最後までやり通せ〟ってことをおっかさんから耳にたこができるほど聞かされていたからだと、いま、そう思うよ」

長女・年子さん「いまでも覚えとるんは、ちいしゃいころ、わしらが正月に着る晴れ着をな、古い着物をほどいて、夜なべしてつくってくれた。わしら４人だから、そりゃあ、何日も眠らんと縫ってくれたがね」

ぎんさんが亡くなってから11年。姉妹たちにも幾度か人生の危機が訪れたが、そのたびに母の教えを思い出し、４人で力を合わせて乗り切ってきた。

年子さん「なんとなくなあ、胸が熱くなって……ホロッとなるぅ。この年になっても、〞母〞というものを慕う心がそうさせるのかもしれん」
美根代さん「私も、ちょっとなぁ、ホロっときた……」
百合子さん「けんどにゃあ、墓ん中でおっかさんはきっと、〞おみゃあら、まだ娑《しゃ》婆《ば》におるのかぁ〞いうて、笑ってござるよ」
千多代さん「うん、笑ってござるな。けんど、こうやって生かされてるからにゃあ、いまは、仲良く笑って、ケンカしながら、頑張って生きるしかないがね（笑い）」
ぎんさんが眠るお墓の前にたたずんだ姉妹たちは、青く澄みわたった空を見上げて、それぞれの思いを重ね合わせた。

ぎん言30

親の意見となすびの花にはにゃぁ、千にひとつも仇はないがね

21世紀が明けた2001年（平成13年）2月28日、蟹江ぎんさんは、108歳の人生にピリオドを打ち、眠るように天国へ旅立った。

姉・きんさんとともに、100歳をとうに超えた双子姉妹が全国の人々に勇気を与え、あれだけ元気旺盛に活躍できたことは国内のみならず、国際的にみても貴重なことだった。そうした観点から、ぎんさんの晩年を見守り続けた主治医と病院側が「長寿研究のために、ぜひ協力してほしい」と病理解剖を希望し、美根代さんら家族も「医学に貢献できるのなら」と、快く応じた。それは、ぎんさん自身も望んでいたことだという。

千多代さん「おっかさん、もっともっと生きんしゃると思うとっただが、最後はあっけなかった。まだ、ぬくもりが残る体をさすってなぁ、思うたのは、ご苦労さん

とありがとう、そういう思いだけだった」
百合子さん「そうだよ、長いこと、ありがとう。それが胸いっぱいになって、なんもいえんようになった」
美根代さん「母にはいろいろ厳しゅうされたり、丁々発止のケンカもしたけど、そんなのは、みーんな吹っ飛んじゃった」
千多代さん「うちの旦那が若いころに病気したとき、そりゃあ、難渋しただが。そんときに励ましてくれ、経済的にも応援してくれたのが、おっかさんだった。そいだで、それがいまでも、頭から離れんよ」
テレビに映ったあの笑顔の裏に隠されていた、母親としてのぎんさんの厳しさ。だがすべては、かけがえのない母の死とともに昇華されたのだ。
話は前後するが、母・ぎんさんが亡くなった朝、美根代さんの体に不思議な現象が起きた。
美根代さん「母が亡くなったのは、午前1時過ぎのことだったが、夜明け近くになって、こう、胃のあたりが錐《きり》をもみ込まれたように痛くなってね。お腹《なか》がパンパンに膨らんで、息をするのもやっとになった」

百合子さん「そう、美根ちゃんの顔が真っ青になってね。額にべっとりと脂汗《あぶらあせ》がにじんでな。私ら3人は、なーんともないのに、あれは不思議なことやったなぁ」

千多代さん「美根ちゃんは、70年もおっかさんと一緒だったから、親子の縁が強かったんだがね」

美根代さん「ちょっとオカルトめくけどね、そういうことに詳しい人に聞いてみたら、それは〝子別れ〟なんだって。子が親と別れるときは、身をちぎられるような思いをせんと、どうにも別れられん場合もあるんだって」

年子さん「仏教的な話になるけどなぁ。私は、そういうのは一概に否定できんと思う。美根ちゃんは、この家の跡取りやったから、あの世に旅立つおっかさんが、〝これからしっかりせぇ〟と、苦しい思いをさせて教えたんだが」

それからの美根代さんは、日々の暮らしの中で、母・ぎんさんの教えを思い出し、胸に手を当てて反芻《はんすう》するようになった。

《親の意見となすびの花にはにゃあ、千にひとつも仇《あだ》はないがね》

これは、美根代さんが、ぎんさんから耳にたこができるくらいに聞かされた言葉だった。茄子の花は、みんな実を結んで徒花《あだばな》（＝無駄花）がない。それと同じように、親の慈悲から出た意見には、まったく無駄がないということの譬《たと》えだが、美根代さんは、あらためてこの意味を噛みしめた。

美根代さん「それで思い出したのは、母がね、生前にいってた《お前たちは母親にはなれるけど、姉は妹になれん。妹は姉になれん。だから姉妹はお互いを大事にせんといかん》この言葉だったよ。

そいだでね、これからは、姉妹が仲良うして生きていかにゃあいけんと、当たり前のことに思いを持つようになっただがね」

そのとき美根代さんは77歳。いちばん上の姉、年子さんは86歳。これからの先行きをどう生きていったらいいか。美根代さんの胸に、そんな思いが膨らむようになった。

ぎん言 31

感謝の気持ちを持って暮らすこと。鬼になって暮らしても、おんなじ一日だが

母親・ぎんさんが亡くなって、3年あまりの月日が流れた。そのころ、長女の年子さんは、名古屋市緑区の自宅で、息子夫婦と一緒に暮らしていた。

年子さん「もう私は、70歳ごろから早い話がご隠居さん。嫁が家事一切をやってくれるだで、なーんもすることがにゃあ。縁側に座って、日がな一日、ぼーっと庭を眺めとるしかない。生き甲斐ちゅうたら、ときどき嫁とね、意見が衝突して、ワーワーと喧嘩するときだけだった（笑い）」

ほどなく、年子さんが米寿（88歳）を迎えるときだった。物忘れが極端にひどくなり、認知症の一歩手前のような状態になった。そのころ、息子夫婦は60代半ばで

あったが、将来を見据えて母親・年子さんを、老人ホームに託そうと考えるようになった。それを知った美根代さんは、心の底から驚いた。

美根代さん「あんねぇ（年子さん）は、半ボケだったと思うよ。だけんど、そういう人を老人ホームに入れたら、余計におかしくなるがね。これはいかん、絶対にいかんとそう思うたわね」

姉の行く末を危惧した美根代さんは、それから何か名案はないかと、真剣に思いをめぐらした。そして、ポンと胸を叩いた。そのころ、数年前に夫に先立たれた三女・千多代さんは、ひとりで暮らしていた。美根代さんは、姉の千多代さんにこう持ち掛けた。

「あんねぇがな、このままでは老人ホームにはいってしまうよ。そうなったら、憐れなことになるでぇ。

あんたはひとり暮らしだでなぁ、一緒に暮らして面倒をみたってくれんやろか。

私が勝手に思うたことだけど、ひとつ、私の頼みを聞いてくれんだろうか……」

この妹の頼みに、気っ風《ぷ》のいい千多代さんはふたつ返事で応じた。

千多代さん「私もひとり暮らしで寂しかったでね。何のためらうこともありゃすかね。互いに渡りに船と一緒に暮らすことになっただが」

こうして年子さんは、美根代さんの計《はから》いで、千多代さんの家で同居することになった。ところが年子さんは、半ボケ状態で一日中ボーッとして、何をする気も起こさない。さすがの千多代さんも地団駄を踏むようになる。

千多代さん「ふたりでお勝手をやろうとしたけど、最初はにゃ、あんねぇは包丁を持つのが怖い。ガスコンロの火をつけるのも、〝ああ、怖い、怖い〟と尻込みして、どうにもならんがねぇ。いや、ある日な、冷蔵庫を開けたら、枕がはいっとってびっくりしただが。そいで、あんねぇに聞いたら〝あれはしまっとかんと、腐ってしまうだで〟というだがね。ああ、こりゃ駄目だと思うたよ（笑い）」

ところが、そんな年子さんに徐々に変化が表れるようになった。2か月もしないうちに、年子さんは生きる意欲を取り戻すようになり、あの半ボケ状態は、嘘のように解消された。

千多代さん「お勝手も洗濯もやるようになって、第一、口が達者になった。そりゃ、わがままなこというて、ケンカになるときもあるよ。だけんど、所詮、姉妹だからね、何をいい合っても、また元に戻るだがね」

百合子さん「姉さんたちは、ふたりで暮らすようになって、ライバル心に火がついたんだわ。とにかくあんねぇが生き返ったで、胸を撫でおろしたよ」

ひとり暮らしだった千多代さんも、姉と一緒に暮らすことで生活にメリハリがつき、生きていることに感謝の心が生まれるようになった。そんな千多代さんは、ぎんさんがいったこんな言葉を思い出す。

《大事なのは、感謝の気持ちを持って暮らすことだよ。だってにゃあ、鬼になって暮らしても、おんなじ一日だが》

姉・年子さんと暮らしながら、ときには不平をぶつけそうになるとき、千多代さんは、この〝ぎん言〟を心にたぐり寄せて、ワンクッション置くことにしている。

千多代さん「姉妹ゲンカはな、これはやめられん。できるうちが、互いに力があるっていう証拠だでね。ケンカできるうちが〝華〟だと思うだが。

だけんど、単にな、自分の思いどおりにならんちゅうて、心をな、鬼のようにするのは、もうやめることにした」

ぎん言32

ぐちゃぐちゃ不満を腹にためんこと。パーパーいうて、発散せにゃいかん

4姉妹とも、とうに夫に先立たれたが、だからこそ互いに励まし合いながら歳を重ねてきた。姉妹たちは、ほぼ2日おきぐらいに顔を合わせる。いや、ときには連日ということもある。いくら仲良し姉妹とはいえども、普通に考えると、平均年齢93歳の姉妹たちが、これほどのコミュニケーションをとるというのは、恐らく稀有なことであろう。

午前中、姉妹たちはせっせと掃除や洗濯などの家事をかたづける。それがすんだころあいを見計らって、美根代さんが3人の姉たちに電話をかける。

「あのな、まんじゅうもろうたから、食べにこんかぁ」

これが4姉妹が集まる合図となり、早めの昼食をとると、3人の姉たちは昼過ぎ、実家の蟹江家にやってくる。それからお茶を飲みながら、他愛のない世間話に花が

咲く。ときには、消費税増税や年金問題など、話題は政治や経済にまで発展し、歯に衣着せぬおしゃべりは、かしましいまでに沸騰する。

年子さん「思うてることをな、腹ん中にためんといい合うのがええな。がちゃがちゃぶわーっと、みんなで話しとると、ここまで長生きしてよかったという気になる」

千多代さん「ときにはな、些細《ささい》なことで口ゲンカになることもあるけどにゃあ。姉妹は融通がきくだでいいんだわ。ケンカしても、いつの間にか許し合って、仲良うなっとるがね」

実は、このおしゃべりタイムが生まれた背景には、母・ぎんさんのこんな処世訓があった。

《ぐちゃぐちゃ不満を腹にためんこと。パーパーいうて、発散せにゃいかん》

ぎんさんは自らこれを実践し、美根代さんを困らせたこともあった。だが美根代さんはこれを逆手にとって、4姉妹が心おきなくしゃべり合うことで、ストレス解消に繋がると思ったという。

百合子さん「そう、みんなで集まって、腹ん底から笑うだがね。あれがな、きっと脳を活性化させて、気持ちをね、みずみずしくしてくれてると思うよ。私は、そのことを身をもって感じただが」

１年半ほど前、百合子さんは風邪をこじらせ、１週間ほど寝込んだことがあった。その間は蟹江家に行って、おしゃべりに参加することができなかった。

百合子さん「ようやく起き上がれるようになって、さて、今晩のおかず、何にしようかと思うたら、なんだか頭がボーッとなってね。どこへ買い物に行ったらいいか、何をしたらいいのか、わからんようになったの。ああ、これがボケるってことかなあって、ほんと恐ろしくなったがね」

だが、〝縁側談議〟に顔を出せるようになって、百合子さんの脳は、再び活性化するようになった。

美根代さん「やっぱしな、人間、いいたいことをいい合える仲間と、腹を割ってしゃべって、思いっきり笑わんといかんのだわ。百合子姉さんのあの状態を見たとき、そう思うたねぇ」

年を重ねるごとに、私たちは自分の殻《から》に閉じこもりになりがちだが「一日一笑」、いや、「一日百笑」を心がけることで、老後の幸せ度はぐーんと伸びることになる。4姉妹の元気な様子は、そのことをいみじくも示唆しているのかもしれない。

ぎん言33

三食はしっかり食べる。腹八分目がいちばんだよ

ぎん言34

ごはんは一粒一粒、感謝して食べる

視力が落ちてきた。耳が遠くなった。根気が続かなくなった——加齢とともに私たちは、〝ないないづくし〟の損失体験を余儀なくさせられる。

そうしたなかで、失いたくないのは、やはり、〝食べる〟ことの楽しみであり、その意欲であろう。なぜなら「食」は健康な暮らしの基本であり、心と体をいい状態にキープできるかどうかは、食生活にかかっているといっても過言ではないから

だ。そこで元気いっぱいの４姉妹の「食」の秘密について検証してみることにしよう。

だがその前に、在りし日のぎんさん（満１００歳のとき）のごく日常的な献立を、当時の取材ノートから紹介してみたい。

〈朝食〉
焼き海苔《のり》、ほうれん草の胡麻《ごま》あえ、わかめとねぎの味噌汁、緑茶

〈昼食〉
あじのひらき（干もの）、たいの刺身、きゅうりの味噌漬、緑茶

〈夕食〉
甘っ辛く煮つけたかれい、ひらめの刺身、
ポテトサラダを添えたハンバーグ、わかめの味噌汁、緑茶

千多代さん「ひゃーっ、おっかさん、こんなにご馳走食べてござったのか。道理であれだけピンピンして、マシュコミの人らとも、丁々発止と渡り合えたんだが」

百合子さん「昼食に、あじの干ものと刺身でしょう。夜にもかれいの煮つけに、刺身だがね。これに比べたら、私の食卓は貧相だよ（笑い）」
年子さん「第一ね、こんなにようつくれんがな。今日つくったもんを、3日も続けて食べることあるだがね」
ぎんさんが、バランスのとれた食生活を維持できたのは、孫嫁の万里さんが、おばぁちゃんのためにと、いろいろと腐心したからだ。
美根代さん「そいだで、母は食べるということじゃ、幸せだったよ。好きなもんを、好きなだけ食べられたんだから」
千多代さん「うん、明日からわしらも、もっともっと食いしん坊にならんと、ただのシワくちゃババアになってしまうだで（笑い）」

一日三食をしっかりとる

元気で長生きするには、運動と同じくらいに食べることが大切だ。

「朝のごはんがうみゃーと、一日がね、それはシャワやかです」、それが口癖だったぎんさんは、ちいさいころから4人の娘をこう躾《しつ》けた。

《三食はしっかり食べる。腹八分目がいちばんだよ》

百合子さん「これは小さいころからいわれたで、腹八分目は身についてるよ。無茶食いはせんがね。そいだで、私ら4人とも、メタボとは縁がないだがね」

美根代さん「いやあ、このごろ、あんた、少ーしにゃあ、太ってきたよ。ぜい肉、とらんといかんがな（笑い）」

千多代さん「おっかさんは、腹八分目といわしたけど、人間、年とともに食べんといかんよ。若いときは、あれが駄目、これが嫌いちゅうて食べなんだが、90歳になったころから、よう食べるようになった。年をとったら、細い食事がええというけど、食べられるうちは、欲張って食べんといかん。これぇ、私の貴重な体験だが（笑い）」

美根代さん「だけんど、それいうなら、単なる〝食いしん坊〟ちゅうことだがね（笑い）」

そして、母・ぎんさんは、食について、こんな〝ぎん言〟を遺している。

《ごはんは一粒一粒、感謝して食べる。するとにゃあ、自然と力がわいてくる》

千多代さん「ごはんはね、ほんと、よーく噛んで食べるといい。私は、ひと口のごはんを、20回は噛んで食べる。するとにゃあ、おっかさんがいわしたように、なんだか力が出てくる気がするから不思議だよ」

野菜を食べる

長女の年子さんは、野菜が苦手だ。にんじん、かぼちゃ、大根、ほうれん草にじゃがいも、たまねぎ……とにかく野菜ときたら、食欲が半減してしまうのだそうな。百合子さん「私ら大きゅうなるまで、うちは農家だったで、野菜しかなかっただがね。それなのに、あんねぇは野菜嫌いでしょ。よく、ここまで長生きできたと思うよ。珍しいちゅうか、奇跡だがね（笑い）」

年子さん「若いときは母親にやんやと怒られるだで、仕方なく食べたけど、野菜は青くさいでどうにも好きになれん」

10年ほど前から年子さんは、千多代さんの家で同居することになった。その千多代さんは、姉の野菜嫌いにほとほと手を焼いているが、ふたりで毎食、いただくのが特製の「千多代サラダ」。

これはレタスにきゅうり、そして細かく刻んだりんごと干しぶどうを混ぜ合わせ、胡麻だれのドレッシングをかけてでき上がりという、シンプルな野菜サラダだ。千多代さん「これはね、7、8年ほど前から、ずーっと食べ続けてるよ。何があろうと、一日三食、毎回必ず食べるだが。あんねぇと暮らすようになってずいぶんになるが、野菜嫌いのあんねぇも、〝これは、絶対に体にいい〟って私がいうもんだで、いまはにゃあ、薬だと思うて食べるようになっただが」

年子さん「いんやあ、自分でもな、なんか千多代の手品にかかったみたいで、このサラダだけは食べられるがね。あと2年で100シャアになるだが、なんだか顔の張りもようなって、血のめぐりもようなった気がする（笑い）」

このサラダに使われているレタス、きゅうり、りんご、そして干しぶどうは、すべてカリウムの多い食材。カリウムの摂取は、血圧の調整に欠かせないもので、正常な血圧を保つために、とても有効だという。

野菜嫌いの姉が食するようになったこの〝千多代サラダ〟を、いまでは百合子さんも美根代さんも、献立の1品に加えるようになった。

ぎん言35

魚は活けもんに限るにゃあ

ボケ知らずは魚のおかげ

きんさんぎんさんは、どちらも甲乙つけがたい〝お魚大好き人間〟だった。ただ、好みがちょっと違った。姉・きんさんの好物は、赤身の魚の刺身とうなぎの蒲焼き。とりわけ、マグロには目がなかった。

一方、妹のぎんさんは、姉とまるで魚の好みが違い、かれい、ひらめ、たい、すずき、などの淡白な白身の魚が大好きだった。とりわけ、かれいについては、ちいっとばかりうるさかった。

美根代さん「母は甘っ辛く煮つけたかれいが大好きでね。だけんど、これが〝活《い》けもん（いけすにかかってある活魚）〟じゃないと顔をしかめてね。そいだで、特別に活《い》きのいいのを買ってきたけど、私ら家族は家計を考えて、いっつも冷凍のかれいで我慢したよぉ（笑い）」

そんなぎんさんは、満足な笑顔を浮かべてこういった。

《魚は活けもんに限るにゃあ。新鮮な魚のおかげで、元気もりもりだがね》

では、母親・ぎんさんの魚好きは、4姉妹に伝わっているのだろうか。ところがここでも、長女・年子さんは、野菜についで、魚も不得手だという。他の3姉妹は、母親以上の〝お魚、大好き人間〟だというのに……。

年子さん「そりゃあ、ちいっとは食べるけど、できることならパスだが……だってにゃあ、あれは骨がいっぺぇあっていかん」

百合子さん「だけんど、骨がない魚なんてないがね。お店に行っても、切り身の魚は泳いどらんよ（笑い）」

千多代「こん人（年子さん）は、食いものにわがままでいかん。ほんと、わがまま。けんど、どうしてこんなに元気なんじゃろ（笑い）」

美根代さん「魚にはな、なんちゅうたっけ、ほら、DDTじゃない、DHAちゅうんがはいっとって、頭がようなるというだがね」

年子さん「私は頭がええから、魚は食べんでもええ。これ以上、頭がようなったら、あんたら3人が困るだが（笑い）」

魚に含まれているＤＨＡ（ドコサヘキサエン酸）は、簡単にいえば必須脂肪酸のひとつで、脳細胞を形成する重要な役目を果たしている。このＤＨＡが不足すると、脳細胞の膜をつくることができなくなり、脳の機能が衰えたり、細胞が死んでしまう危険性があるといわれる。ぎんさんの遺体の解剖を担当した病理医で南生協病院（名古屋市）の棚橋千里さんは、魚の効能についてこう話す。

「魚のたんぱく質は良質であり、魚の脂《あぶら》には血液を固まりにくくする、つまり血液をさらさらにする効果があるんです。魚の脂に含まれるＤＨＡやＥＰＡ（エイコサペンタエン酸）が、善玉コレステロールを血液中に増やすからです。

そしてこの作用が、動脈硬化や血栓を防ぐ役割を果たすわけで、さば、いわし、さんまといわれる青魚には、とくにＤＨＡが多く含まれていて、善玉コレステロール値を高める作用があるということになります。ぎんさんも魚をよく食べていましたが、解剖時に血管を目で見たところ、大動脈が柔らかく、血管年齢でいえば、20歳以上は若い状態でした」

肉類、だーい好きの食いしん坊

野菜と魚が苦手で、進んでは食べたくないという年子さんが、目を輝かせるのが肉類。牛肉はもちろん、豚肉、鶏肉と、とにかく肉類が大好き。

千多代さん「それがにゃあ、こん人（年子さん）は、上等の肉じゃないと駄目。安もんは〝硬い〟ちゅうてな。もうすぐ１００歳のばぁさんが、上等の肉をパクパク食うなんて、これぇ、贅沢だよ（笑い）」

他の３姉妹も、年子さんほどではないが、献立にはよく肉類が登場する。

百合子さん「私はひとり暮らしだけど、野菜も魚も、それから肉類もな、よう食べる。要するに食いしん坊ちゅうことだがね（笑い）」

そういえば、ぎんさんも肉類が好きだった。とりわけ鶏肉が大好物で、３時のおやつに、当時、小学生だったひ孫と、フライドチキンを食べるのが楽しみだった。

美根代さん「夕食に鶏のから揚げつくると、３つも４つも食べて満足だったたよ」

年子さん「そりゃあ、肉はなんだってうまいぎゃあ。それに力がつくがね」

美根代さん「そうだよぉ、私ね、母が亡くなってから、あんまり肉を食べんようになったの。そしたらね、よく風邪を引くようになった。

やっぱしね、良質のたんぱく質を摂《と》るためには、肉を食べんといかん。そうせんと、力が出んがね。良質のたんぱく質は、これぇ人間、絶対に必要だと思うよ」

だが、ともすれば高齢になると、肉食よりも菜食になりがちとなる。実際、これまで〝長生きできる食事〟は、動物性の食品はなるべく避け、むしろ菜食主義がいい、と思い込まれてきたふしがある。しかし、4姉妹の食生活をみると、どうやらそれは当たっていないような気がする。前出の病理医・棚橋さんがこう指摘する。

「高齢になったからといって、菜食主義になるのは本末転倒だと思います。やはり、野菜だけに頼らず、お肉も含めていろいろと取り入れたほうがいいと思いますね。

年を取ると、どうしても食が細くなります。そこで同じ小食でも、栄養価の高い肉類や乳製品を摂ることで、体にはとてもいい栄養バランスになるのです。その意味で、お肉には良質のたんぱく源が含まれ、とても栄養価が高い食品です」

また、肉類をあまり摂取しないと、血液中のアルブミンなどのたんぱく質の値が下がり、その結果、体内の栄養価が低下するという。

「アルブミンとは、肝臓で合成・分解されるたんぱく質の一種で、血液や筋肉などの細胞の働きを助ける機能があります。栄養価が低下していくと、免疫力も低下し、全身の健康状態が悪くなりますから、そのためにも、肉類で高たんぱく質を摂取する必要があるわけです」(棚橋さん)

年子さん「ああ、やっぱし、肉類がいいだがね。今夜はね、ほら、すき焼き風のお鍋にしたら、どうだろ!?（と、千多代さんのほうを向く）」

千多代さん「まーた、上等の肉かいな。もう、予算がないだよ（笑い）」

具だくさんの味噌汁が元気の素

味噌汁は健康にいい――日本人が昔から大切にしてきた食生活の知恵といわれるが、４姉妹とも朝食と夕食に味噌汁を欠かしたことがない。

美根代さん「名古屋のこのあたりは、具だくさんの味噌汁でね。大根、ねぎ、たまねぎ、それから豆腐とわかめを入れるという具合で、汁よりも実のほうが多い」

百合子さん「私はほかに、にんじんと油揚げを入れるよ。ひとり暮らしだで、味噌汁は大きな鍋に３日分ぐらいつくって、それをまた、温めていただく。名古屋は八丁味噌（赤出し）だでね。炊けば炊くほどおいしくなる」

栄養バランスの観点から1日、30品目とよくいわれるが、具だくさんの味噌汁は、これに少しでも近づくことになる。

また、味噌汁を飲まない人に比べ、毎日飲む人は、胃がんによる死亡率が50％近く低いという報告もある。味噌の原料である大豆に含まれるトリプシン・インヒビターには、がん細胞の増殖を抑える働きがあることがわかっている。

さらに、このトリプシン・インヒビターには、膵臓《すいぞう》を刺激してインシュリンの分泌を促す働きがあるといわれ、糖尿病の予防にも効果があるという。

海苔とお茶の効用

蟹江家では、美根代さんをはじめ、家族みんなが〝海苔〟の威力を信じている。それには、こんな理由《わけ》がある。

いまから20年前、ぎんさんが、あと3か月で100歳を迎えるころ。風邪を引いたぎんさんは、3日ほど寝込んでしまった。すると、ほんのりと薄黒い部分があったぎんさんの白髪が、みごとなまでに真っ白になった。名前のとおり、銀髪になってしまったぎんさんに、孫嫁の万里さんが、せっせと海苔を食べさせた。

昔から、「海苔は髪の毛にいい」ということを思い出したからだ。朝食は味付け海苔、昼食はおにぎり、夕食には海苔を使った野菜サラダと、万里さんは、いろいろ工夫した。

「いまでも、びっくり仰天したのを覚えとるけど、20日ほどしたら、真っ白だったおばぁちゃんの髪の中に、また薄黒い毛が交じるようになってね。

やっぱり、海苔は毛髪にいいんだなあと思ったし、それ以上に、おばぁちゃんの生命力の強さにたまげちゃいました」（万里さん）

そんなわけで、以来、蟹江家では、できるだけ海苔を食べることを心がけるようになった。そして、これに倣って年子さん、千多代さん、百合子さんも、海苔を食べるようになった。

千多代さん「だけんど、もとのように黒々というわけにはいかんなあ」

美根代さん「当ったり前じゃないの。そんなに黒々となったら、お化けだがね（笑い）。でもね、信じ込んでみることは、これぇ、いいことだよ。だって海苔にはにゃあ、ミネラルがいっぱい、はいっとるでね」

美根代さんがいうように、海苔はビタミンAが豊富で、カルシウム、リン、鉄分やヨードなどのミネラルが豊富に含まれている。

そしてもうひとつ、4姉妹の〝元気パワー〟の源になっているのが、緑茶であろう。というのも、美根代さんの趣味が茶道で、蟹江家では、お茶をひっきりなしに飲むのが健康法だという。

百合子さん「4人が集まってワイワイおしゃべりするときに、がぶがぶお茶を飲むがね。これが、体の調子をよくしてるような気がするにゃあ」

緑茶には殺菌作用と抗酸化作用があり、免疫力を高めてくれる効能があるという。

好きなものを好きなだけ食べて、揃って食いしん坊の4姉妹。長生きの秘密は、粗食というよりも、旺盛な食欲にあるような気がしてならない。

コラム

なまけもの

～在りし日のぎんさんの独白

ぎんさん「長生きの秘訣なんて、みなしゃん、簡単にいうが、そんなのにゃあ、ハイ、これでございますと、スーッと出ぇせんがね。やっぱり、自分自身をようわかっとらんとなかなかいえんよ。

わしは、とにかく農家に生まれて農家に育ちましたから、お日さまが出て沈むまで働いておったがね。

まあ、そんぐりゃあ、あのころは、みんな働いた。働かないかんでしょ。あすんどって（遊んでいて）長生きできませんよ。それに気力が、なんだかんだいうても第一だでね。人間、気力がなきゃあだめだよ。気を確かに持って、物事をやる。いや、やりぬくことだがね。

気力の次に必要なもん？　あんたも、よう自分でも答えられんようなこと聞くな、ハハハハ。気力の次にか……そういうことわからんな、わし。わからん。ただな、そう、いえるんは、体を動かすことだがね。

そりゃあ、あんた、働きゃ、誰だって体を動かすほかしゃあにゃあがね。手足を動かさんことには、働けんからね。昔はね、農家は私らだけでなく、みんなよう働きましたよ。いまの人は、みーんななまけもんじゃね。なまけもんがただ集まって、仕事したような顔しとると違うかね。どうしてかって、ききゃあ（機械）があるでしょ。手足を動かさんでも、ききゃあが働いてくれるがね。洗濯機だ、掃除機だって、そりゃ便利でえがね。皿や茶碗まで洗うてくれるききゃあがあるちゅうじゃにゃあか。けんど、わしゃ、人間をな、ただ、なまけもんにしとるとしか思えんな。

なんでもかんでもききゃあじゃ、なまけもんができるだけだが。ほら、動物園に行ったらおるがね。人間、あれとおんなじになったら、これから、えらいことになると違うんだろかにゃあ」

ぎん言36

悲しいことは、考えんほうがええ。楽しいことを夢見ることだよ

美根代さんが家族と暮らす蟹江家から、通りを隔てて徒歩10分ほどのところに、長女・年子さんと三女・千多代さんが一緒に生活する一戸建てがある。黒の板塀に囲まれた築40年のこの家で、ふたりの姉妹が暮らすようになって、かれこれ10年の歳月が流れた。

8畳の部屋で、ふたりが目覚めるのは、午前7時きっかりだ。

千多代さん「それがおかしいよ。柱時計がね、7時を指したのを見計らったみたいに、あんねぇ（年子さん）はガサガサと起きるだが。私は、あと15分は寝ていたいのに、それができん。そいで、こん人はな、すぐに布団をたたんで押入れにしまうの。何やら自分でつくったわけのわからん鼻唄を歌ってにゃあ。ランラン、ルンルンとかいうて、もう否でも応でも起きんとならんだが（笑い）」

百合子さんは、実家の蟹江家から歩いて7、8分のところにある自宅でひとり暮らしだ。2年ほど前から、迷い込んできた猫を飼うようになり、夜は寂しくなくなったという。

百合子さん「ひとりだで、私は気の向くまま、寝たいだけ寝とる。だいたい起きるんは、8時ごろだね」

美根代さん「私も、そんなもんだにゃあ」

夕食をすませ、テレビを見たり、お風呂にはいったりした後、4姉妹が眠りに就《っ》くのは、だいたい午後10時前後だ。

ひとり暮らしの百合子さんは、布団にはいると、テレビをつけたまま眠りに就く。

百合子さん「テレビの音量を、ワーッとでっかくしてね。だってひとりだから、誰も文句いう人おらんがね。けど、テレビが子守唄になって、3分もしないうちに、グーグーと夢ん中。それで夜中にハッと気がついて、寝ぼけまなこでテレビを消すだがね。だって電気代が、もったいないでしょう（笑い）」

年子さん「そりゃ、おかしいがな。もったいないなら、テレビぃ、つけなきゃいいだが」

百合子さん「そうは、いかん。ひとり暮らしには、ひとり暮らしの事情ちゅうもんがあるでね（笑い）」

ともに暮らす年子さんと千多代さんが朝食をすませると、壁の時計は、そろそろ9時になるところだ。それから台所のかたづけ、部屋や風呂の掃除、ゴミ捨て、洗濯と、慌ただしく家事にとりかかる。前述したように、息子夫婦と暮らしていたころ、年子さんは物忘れがひどくなり、認知症が進み始めたかに見えた。

ところが、千多代さんと一緒に暮らし、台所仕事を手助けするようになってから、〝半ボケ状態〟もすっかり改善された。いまでは、進んで家事労働をこなす。98歳と94歳の主婦は、それぞれ仕事を分担して、今日も家の中を動きまわる。そんなふたりに、いまもエールを送っているのが、前出のこんな〝ぎん言〟だ。

《自分のことは、自分でせにゃいかん。甘えちゃいけましぇん》

この〝ぎん言〟が、90歳をとうに超えたふたりに〝やる気〟を起こさせるのだという。

年子さんは、洗濯機を操作するのが苦手だが、きれい好きな千多代さんは、洗濯がまるで苦にならない。洗った衣服やシーツなどを、庭の物干しざおに掛けたり、吊したりして干すのだが、この物干しざおが、千多代さんの背丈からすると、ずいぶん高いところにある。

何しろ、少し背中が曲がり始めた千多代さんの身長は、137㎝と低い。

「それっ、えーい、やあ！」

つま先立ちになった千多代さんは、ぐーんと背伸びをしながら、真剣な表情で次々と洗濯ものを干していく。見ていると、思わず吹き出しそうになる光景だ。

「ねぇ、千多代さん、物干しざおを、もっと低くすればいいのに」と、お節介心で問いかけてみた。すると、

「高いほうが、全身のな、運動になるから、これでいいの」

と、すかさず、こんな答えが返ってきた。そこで、東京都健康長寿医療センター副院長・原田和昌さんに、千多代さんの動きについて聞いてみた。

「つま先立ちで背伸びをして洗濯ものを干すというのは、まず、膝が丈夫でなければできません。そしてこれは、筋肉を鍛える運動、つまり、日常生活の中での筋トレをしているわけで、とても合理的で素晴らしいことです」

そして原田さんは、日常生活での〝筋トレ〟をこう勧める。

「お年寄りにいきなり筋トレといっても、ハードルが高くてなかなか続きません。だから、例えばエレベーターを使わないで今日は2階まで上ってみる。次は3階、その次は4階までと、日常生活の中でゆっくりと時間をかけて取り組むのがいいと思います」

とすれば、千多代さんは、日常生活で知らず知らずのうちに筋トレをしていることになる。

実は、こんなことがあった。5年ほど前のことだから、千多代さんが89歳のとき。自宅の階段のてっぺんから、あっという間に転げ落ちたのだ。

千多代さん「ごろごろって落っこちて、柱にな、したたかに頭と背中を打ってガッツーンとなったが、骨はどっこも折れせなんだ。それでひと息ついてから、ああ、足、動くかな、手ぇ、動くかなと揺すってみたら、もう、ぜーんぶ大丈夫。自分ながら、てぇしたもんだと思ったよ（笑い）」

そして、千多代さんが92歳を迎えたころ。買い物の帰りに、横道から出たところで乗用車にぶつかった。

千多代さん「バーンとぶっ飛ばされたんだけど、気がついたらな、ぶったまげたよ。車のボンネットの上で、ちょこんと私、正座していただがね。そしたら、その車の運転手がね、もうポカーンとした顔で、突っ立っとっただが（笑い）」

このときも、両膝にかすり傷を負ったが、救急車が駆けつけるということはなかった。やはり、普段からの〝筋トレ〟の成果なのだろうか。

五女・美根代さんは、還暦を迎えた記念にと、60歳で運転免許を取得した。

美根代さん「私は郵便局に勤めていたでしょ。そいで57歳で退職して、庭の草むしりなんかしてぶらぶらしてた。そしたらね、ある日、かかりつけの医者から〝そりゃあ、駄目だ。人間の脳みそはね、年をとると急激に小さくなる。何か刺激を与えんと、60代でもボケちゃうよ〟といわれて、こりゃ、大変だと思うてね。そいでいろいろ考えて、運転免許に挑戦しようと思っただがね」

試験を受けると一発で合格。これまで約30年間、無事故・無違反の優秀ドライバーだ。

こうして89歳の美根代さんが車を運転し、4姉妹はいまもドライブを楽しんでいる。毎月１回、隣県の岐阜市の山峡《やまあい》にある〝お薬師さん（岩井山延算寺）〟にお参りに出かける。

　驚くのは、ずいぶんと遠方までドライブをしていることだ。名古屋市から伊勢湾と三河湾をはさんで知多半島にも足を延ばす。この半島に「知多四国八十八箇所霊場」がある。弘法大師ゆかりの〝お遍路巡り〟のコースを、美根代さんが運転する乗用車は、風を切って軽快に走る。

美根代さん「いっぺんにはよう行かんから、最初の日はね、88の寺のうち、１番から15番。そいで夕方までにうちに戻って、次の日は16番から30番までの寺を巡るっていう具合で、これを４〜５日かけて繰り返し、八十八箇所をね、みんなで回って歩くだがね」

　聞けば、４姉妹はこの霊場巡りを繰り返し、これまで１００回近く出かけてきた。ほどなく90歳になるいちばん下の妹が運転し、90歳をとうに超えた３人の姉たちを乗せてドライブ。いやあ、大丈夫なのかと、人ごとながら気になって仕方がない。

千多代さん「そりゃあ、最初はな、美根ちゃんが免許取るちゅうたときは〝やめときゃあ〟いうて猛反対したよ。ほんでもいまは名ドライバーだでね。この人に乗せてもらうのが、誰が運転するよりも安心だで。

おい、もうちょっとスピード出せ、出せちゅうて、発破をかけるようになってしまったがね」

美根代さん「やっぱし、高速道路はもたもた走っとれんでね。ビューッと飛ばすんだわさ。そいだで、姉さんたちは、えらいスピードにな、免疫ができてしまっただがね」

とてつもなくアクティブな4姉妹だが、筑波大学大学院人間総合科学研究科・准教授の大藏倫博さんが、こんな指摘をする。

「正直いって、89歳で車を運転している美根代さんには驚きました。私たちが高齢者の研究をしている中で、いちばん大切だと思うのは、積極的に外出すること。家の中に閉じこもりっきりにならないことです。外に出れば刺激を受けて、心理面でもいい影響を受けるからです。それを、この4姉妹が実践している。目的もなく外を歩けば徘徊になりますが、目的を持って外出することは、脳の活性化に極めていいことなのです」

朝起きたら、とりあえずテレビをつける。ひとり暮らしの高齢者の中には、そんな方も多いのではないだろうか。このとき、ただ漫然と見るのではなく、自分が見たい番組を見るという意識でいると、受け取るものも違ってくる。千多代さんがテレビの前に座って、目が釘付けになるのが国会中継だ。

千多代さん「あんな面白いものはないがね。ああ、この総理大臣は、国民のために腹をくっとらんなとか、ああ、この大臣は、私より頭が足りんなとか、いろいろ考えさせられて、ヘタなドラマよりも面白いだがね（笑い）」

国会中継を見ることは、千多代さんにとって趣味であり、頭を柔軟にしてくれる、格好の時間だという。

千多代さん「ときどきな、あの程度なら、私も選挙に出てなあ、国会議員になってみようかと、ほんと、真面目に思うときあるよ（笑い）」

２０１１年（平成23年）の8月、白内障の手術を受けた長女・年子さんは、視力が大幅に回復した。なんと、針の穴に糸を通すのも、眼鏡なしでなんなくやってのける。

千多代さん「あんねぇ（年子さん）はね、新聞を眼鏡なしで根こそぎ読むだよ。もう、隅から隅まで一日中、読んでるときあるよ」

年子さん「これは、お金のかからない私の趣味。頭の体操になるがね」

そんな年子さんは、読めない漢字や難解な言葉があると、漢和辞典や国語辞典を引っ張り出して、とことん調べないと気がすまない。

年子さん「そうせんとな、消化不良になって、夜、眠れなくなるだが（笑い）」

一方、四女・百合子さんも、よく新聞を読む。毎朝、直径10㎝の虫めがねをかざして読むのが、朝日新聞の『天声人語』。これを大きな声を出して読み上げる。

百合子さん「私と猫のほか、誰もおらんでしょ。大声出しても迷惑かけんからね。だってね、黙って読んでると、気が滅入《めい》るだがね。それにな、大きな声を出すと、気持ちがひとりでにシャンとなるよ」

ひとり暮らしの楽しさを味わっていても、ときどき百合子さんは、ふっと寂しさを感じることがある。そんなとき、思い出すのは、在りし日の母・ぎんさんのこんな言葉だ。

《悲しいことは、考えんほうがええ。楽しいことを夢見ることだよ》

この〝ぎん言〟に押され、いま百合子さんは、庭で草花を育てながら園芸を何よりの趣味としている。春はチューリップ、パンジーにアネモネ、夏はダリア、ヒマワリ、ベゴニア、そして秋は、菊、桔梗《ききょう》、コスモス・・・。色とりどりの花々が、季節を連れてきてくれる。

百合子さん「植物は世話をすればするほどきれいな花を咲かせるだがな。それに四季が感じられるでしょ。気持ちを前向きにしてくれるんだわ」

五女・美根代さんの趣味は幅広い。茶道と華道の師範免許を持ち、４年ほど前から〝切り絵〟を始め、週に１回、その教室に通っている。また、最近は、民謡に合わせて踊る「民踊《みんよう》」に熱中している。

美根代さん「年に２回ほど、この発表会があるだでね。その稽古が大変だけど、仲間と触れ合えるでしょ。それに体を動かすのがいいし、踊りを覚えないかんで頭を使うでしょう。へとへとに疲れるけど、これが楽しくてやめられんの」

ぎん言37

「昔はよかった」は感心できん。それは、いまが面白くないからだが

〝老い〟を楽しくするためには、自分の居場所づくりが大切だといわれる。人は、その居場所に戻ると、元気になったり、心も体も癒されたりするものだ。4姉妹にとって、その共通の居場所は、ときには毎日のように実家の蟹江家に集まって、かしましいまでに繰り広げる井戸端会議ならぬ〝縁側談議〟だ。

百合子さん「ひとり暮らしの私が元気でいられるのは、姉や妹といっつも顔を合わせられる、この居場所があるからと、しみじみと思うよ」

では、この〝縁側談議〟は、姉妹たちにどんな効用をもたらしているのだろうか。

前出の大藏倫博さんがこういう。

「4人が集まっておしゃべりをすることは、頭を使いながらの情報交換の場になっています。〝誰々がどうした〟〝あのとき、こうだった〟と話すことは知的活動であり、

昔のことを思い出すのは〝回想法〟といって脳への刺激になり、認知症の予防や進行の抑制にも効果を上げています」

美根代さん「昔のことを話しだしたら、ああだのこうだのとめどもないがね。だけんど、ひとつだけ気をつけとることがある。それは、いっくら昔のことを話しても、〝昔はよかったにゃあ〟というのは、いわんことにしてるだが」

それというのも、母親・ぎんさんは、「昔はよかった」というのを嫌った。そして、いみじくも4姉妹に、こんな〝ぎん言〟を伝えたからだ。

《「昔はよかった」は感心できん。それは、いまが面白くないからだが》

昔がよかった、と振り返るのはいいが、もうひと言付け加えて、「昔はよかった。でも、いまもまんざら悪くはない」、そう考えなさいと、ぎんさんは娘たちに教えたのだ。

そんな4姉妹の〝元気の秘密〟を、大蔵さんが、さらにこう指摘する。

「まず遺伝的に体が丈夫で、大病をしていないこと。それに精神的に落ち込むというネガティブな（否定的、消極的な）要素が少なかったこと。

戦争という苦難を乗り越えた世代だけに、多少の困難にもめげない気力があるということです。そして4姉妹は、いまを楽しみながら、助け合いながら生きている。前向きな4姉妹の生き方は、高齢者たちに夢を与えてくれる〝お手本〟だと、そう思います」

数々の母の〝ぎん言〟に叱咤され、励まされ、教えられて、ここまで齢を重ねてきた4姉妹。久しぶりに、4人揃ってスーパーへ買い物に出かけた。その帰り道、買い物袋を持った4人の背中が、少し曲がったようになった。

「なんだね、おみゃあたち、そんな腰をかがめてババさになって。えいっ、腰を伸ばさんきゃあ！」

晴れわたった空から、そんな母・ぎんさんの声が響いたような気がして、4姉妹は立ち止まって背筋を伸ばしながら、顔を見合わせて笑い合った。そして、しっかりと前を向いて歩きだした。

おわりに

2011年の夏の終わり、仕事場のキャビネットを整理していると、1冊のアルバムが目にとまった。長いあいだ、めくることもなかった古いアルバム。すぐに時間は、20年前にタイムスリップした。そこには、あの双子姉妹のきんさんぎんさんが、おどけたしぐさで笑っている。お揃いの水色のワンピース姿で散歩をしているふたり。それらを眺めていると、胸が熱くなって、時間が止まったようになった。

「そうだ、あの姉妹たちは元気だろうか」

ふと、そんな思いがわいた。ぎんさんが亡くなって、その三回忌の法要の折、4姉妹にお目にかかって以来、徒《いたずら》に歳月が流れていた。そこで、さっそく蟹江家に連絡してみると、

「いんやぁ、久しぶりだがね。こっちはみーんな、元気でワイワイやってますよ」

受話器の向こうから、美根代さんの溌剌《はつらつ》とした声が響いてきた。平均年齢93歳の4人姉妹は、揃って健在だという。正直なところ、驚きを禁じ得なかった。失礼を

承知のうえだが、4人のうち、どなたかが、寝たきり状態ではないかと危惧したのだ。だが、それは私の思い過ごしだった。

こうして4姉妹に話を聞く機会に恵まれた。ところが、その並々ならぬ元気パワーに、圧倒されることになった。腹を抱えての大爆笑の連続で、こちらが体力との勝負。笑って疲れ果てるという取材は、かつてない経験だった。

だが、歯に衣着《きぬき》せぬ4姉妹のトークは、ただ面白いだけではなく、そこには、長く生きてきた人だけが発信できる、人生の妙が光っている。笑いながら、そのことに気づくようになった。普通なら90歳を超えれば、どうしても会話のテンポが緩慢になるものだが、同時通訳のように、会話のテンポが弾むのだから、これは不思議なことだった。

4姉妹は、こぞって明るく前向きな姿勢で毎日を楽しみながら生きている。元気で生きるために、笑顔だけは忘れないでおこうと、互いに心にいい聞かせているという。いつも苦虫をかみつぶしたような顔をした人がいるが、そういう人は、自然と人を遠ざけているのかもしれない。

長女・年子さんは、米寿を迎えたころから、毎年、暮れ近くになると「わしは、来年の春にはきっと死ぬよ」というのが口癖で、他の姉妹たちから「まーた、始まったよ」と、渋い顔をされるのが落ちだった。ところがそういい続けて10年も、けろりとした顔で齢を重ねてきた。

「いやあ、こうなったらにゃあ、とりあえず120歳まで生き続けることにするだが」

年子さんはいま、笑いながら自分に発破をかけている。

私たちは、誰もが平等に、いつかは〝老い〟という季節を迎える。そのときに大事なのは、〝老い〟を人生のラストシーンとして肯定的にとらえることができ、たった一度しかない人生を、めいっぱいに楽しむことができるかどうかであろう。私は4姉妹に会うたびに、そのことに思いを馳せることになった。

本書では、4姉妹の母・ぎんさんの珠玉の〝ぎん言〟をベースに、姉妹たちの物語を進めたが、人生の節目、節目で、この〝ぎん言〟をひもといてもらえたらと思う。思い起こせば、ぎんさん、そして4姉妹のみなさんと、母娘二代にわたってご縁をいただいた。そのことに、心から感謝をしながら……。

綾野まさる

ぎんさん一家120年の年表

西暦	年号	ぎんさん一家の歴史	年齢 ぎん／年子／千多代／百合子／美根代	国内の主な出来事・生活史	世界の歴史
1892	明治25年	8月1日、農業を営む父・矢野熊吉と母・ゆかの間に長女・きん、次女・ぎんが生まれる。	0／＊／＊／＊／＊	郵便小包の郵送が開始。マシュマロが日本で初めて発売。	国内で天然痘が大流行。多数の死者が出る。
1910	明治43年	きんさん、成田良吉さんとお見合い結婚。姑と同居。	18／＊／＊／＊／＊	尋常小学校唱歌の刊行。単葉機の初飛行。	ハレー彗星が大接近。ロンドンで日英博覧会開催。
1913	大正2年	ぎんさん、蟹江園次郎さんとお見合い結婚。姑と同居。	21／＊／＊／＊／＊	森永がミルクキャラメル発売。最後の将軍、徳川慶喜没。	
1914	大正3年	長女・年子さんが生まれる。	22／0／＊／＊／＊	東京駅が完成。	第一次世界大戦が勃発。
1917	大正6年	次女・栄さんが生まれる。	25／3／＊／＊／＊		ロシアで社会主義革命が起こる。
1918	大正7年	三女・千多代さんが生まれる。	26／4／0／＊／＊	民主主義運動の「大正デモクラシー」が本格化。	第一次世界大戦終結。スペイン風邪が大流行。
1920	大正9年	次女・栄さんが病死。	28／6／2／＊／＊	東京・上野公園で日本最初のメーデーが開かれる。	国際連盟が創設される。

1921	大正10年	四女・百合子さんが生まれる。	29／7／3／0／*	平民宰相・原敬首相が暗殺される。	
1923	大正12年	五女・美根代さんが生まれる。	31／9／5／2／0	関東大震災。百貨店で初めて土足入店を始める。	
1931	昭和6年	長女・年子さんが矢野繁一さんと結婚。京都へ。	39／17／13／10／8	『のらくろ二等兵』連載開始、スチュワーデス登場。	満州事変勃発。
1934	昭和9年	長女・年子さん夫妻が名古屋へ移住。	42／20／16／13／11	東京・渋谷に忠犬ハチ公像できる。室戸台風上陸。パーマネントの普及。	
1941	昭和16年	三女・千多代さんが津田勝さんと結婚。名古屋市内で暮らす。	49／27／23／20／18	食糧事情悪化。米の配給制度始まる。「産めよ、増やせよ」のスローガンができる。太平洋戦争始まる。	
1942	昭和17年	年子さんが長女・明美さんを出産。ぎんさんにとって初孫となる。	50／28／24／21／19	塩、味噌、しょうゆ配給制。本土初空襲を受ける。	ミッドウェー海戦。
1944	昭和19年	四女・百合子さんが佐野銀次郎さんと結婚。名古屋市内で暮らす。	52／30／26／23／21	「神風特攻隊」「一億火の玉」などが戦時中のスローガンに。	サイパン陥落。連合軍によるノルマンディー上陸作戦成功。
1945	昭和20年		53／31／27／24／22	広島・長崎に原爆投下。第二次世界大戦終結。	ポツダム宣言を受諾。

1947	昭和22年	五女・美根代さんが尚文さんと結婚。尚文さんは婿養子で蟹江家の家督を継ぐ。	55／33／29／26／24	日本国憲法施行。全国の国民学校で学校給食スタート。	インド独立。
1948	昭和24年	美根代さんが長男・好直さんを出産。蟹江家初の内孫。	56／34／30／27／25	警視庁が犯罪専用電話「110」番を設置。	大韓民国、朝鮮民主主義人民共和国が成立。
1955	昭和30年		63／41／37／34／32	家庭電化時代到来。神武景気始まる。	アジア・アフリカ会議が開かれる。
1959	昭和34年	ぎんさんの孫、ひ孫が台風で亡くなる。	67／45／41／38／36	伊勢湾台風上陸。南極のタロージロー発見。皇太子さま（現天皇陛下）と正田美智子さん（現皇后陛下）ご成婚。	キューバ革命。
1963	昭和38年	ぎんさん金婚式。	71／49／45／42／40	新千円札登場。家庭用プロパンガス普及。	坂本九の『上を向いて歩こう』が米ビルボード誌1位に。JFK暗殺。
1968	昭和43年	ぎんさんの夫・園次郎さん81歳で死去。	76／54／50／47／45	3億円事件。	キング牧師暗殺される。
1974	昭和49年	美根代さんの夫・尚文さんが53歳で死去。	82／60／56／53／51	コンビニ1号店の「セブンイレブン豊洲店」が東京都江東区に開店。	
1977	昭和52年	ぎんさんの内孫・好直さんと妻・万里さんとの間に長男・吉弘さんが誕生。	85／63／59／56／54	ダッカ日航機ハイジャック事件。カラオケが大流行。	

1984	昭和59年	美根代さんが60歳で運転免許を取得。	92／70／66／63／61	グリコ森永事件。	ロサンゼルスオリンピック。
1992	平成4年	きんさんぎんさん、満１００歳を迎える。「きんさんぎんさん」はこの年の流行語大賞に。	100／78／74／71／69	ＰＫＯ協力法案成立。貴花田（現貴乃花親方）と宮沢りえ婚約。	ボスニア・ヘルツェゴビナ紛争勃発。
2000	平成12年	きんさんが１０７歳で死去。	108／86／82／79／77		ＩＴ革命元年。白川英樹さんがノーベル化学賞受賞。
2001	平成13年	ぎんさんが１０８歳で死去。	＊／87／83／80／78	小泉内閣発足。皇太子さま雅子さま夫妻に長女・愛子さま誕生。	アメリカ同時多発テロ勃発。
2002	平成14年		＊／88／84／81／79	日韓共催サッカーＷ杯。雪印、日本ハムで牛肉偽装事件。	バリ島で爆弾テロ。日本人2人を含む外国人１９０人以上が死亡。
2006	平成19年	吉弘さんと妻・志穂さんの間に長男・邦之さん誕生。美根代さんにとってはひ孫。	＊／92／88／85／83		
2012	平成24年	ぎんさんの娘4姉妹のご長寿が話題になり、テレビなどに多数出演。	＊／98／94／91／89		

ぎんさん一家120年の系図

■は故人

年齢は2012年中に迎える満年齢

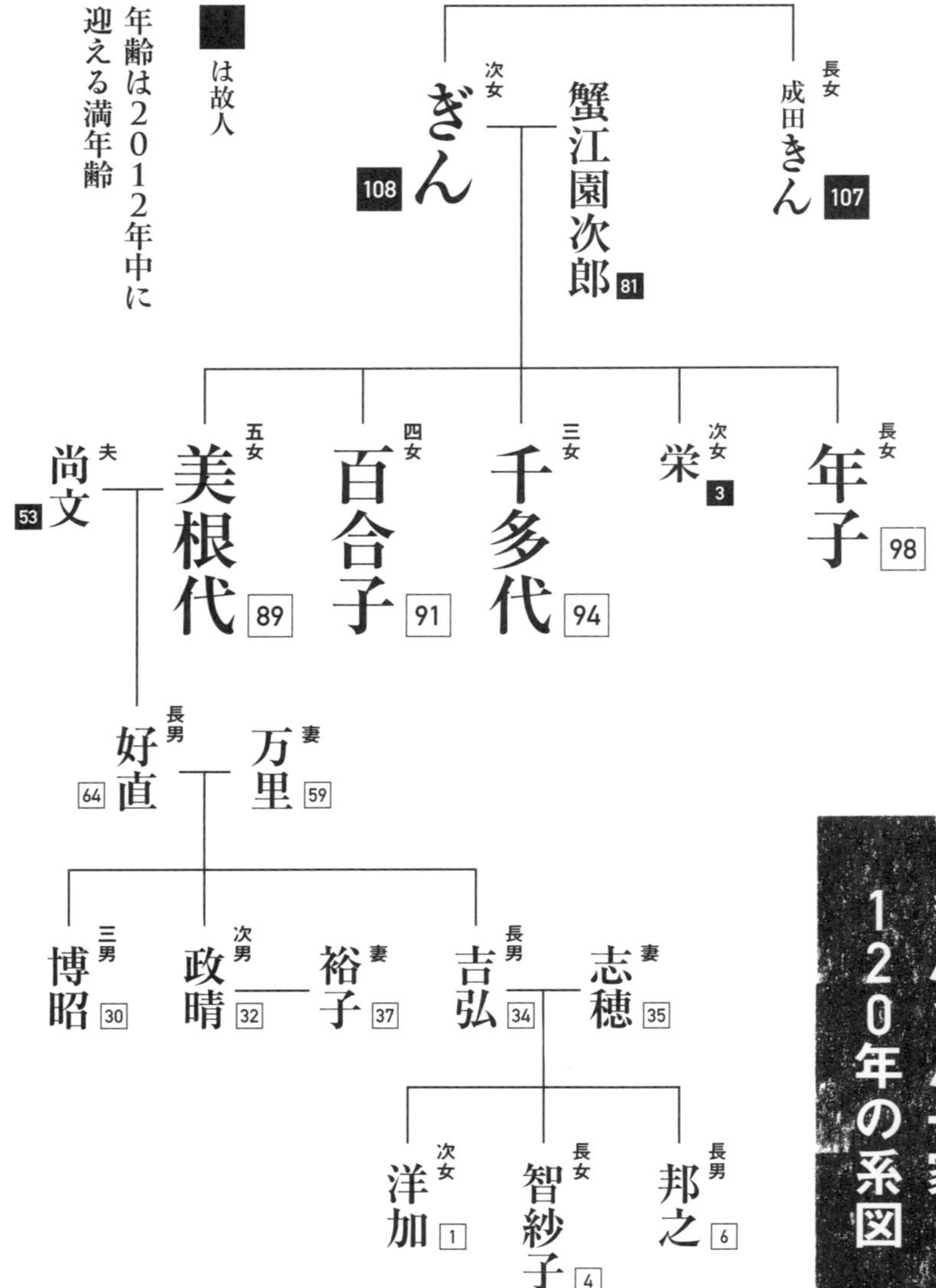

取材・文

綾野まさる

本名・綾野勝治。1944年、富山県生まれ。'67年、日本コロムビア入社。5年間のサラリーマン生活後、フリーのライターに。特にいのちの尊厳に焦点をあてたノンフィクション分野で執筆。'94年、第2回盲導犬サーブ記念文学賞受賞。主な作品に『いのちのあさがお』『帰ってきたジロー』『ほんとうのハチ公物語』(ハート出版)、『900回のありがとう』(ポプラ社)、『君を忘れない』『十五の旅立ち〜三浦知良物語』(小学館)ほか多数。日本児童文学者協会会員。

ぎん言

—ぎんさんが娘4姉妹に遺した名言—

2012年4月29日　初版第1刷発行
2012年5月14日　　　第2刷発行
著　　者　ぎんさんの娘4姉妹
取材・文　綾野まさる
編　　集　今川和哉
発 行 者　森 万紀子
発 行 所　株式会社　小学館
〒101-8001
東京都千代田区一ツ橋2-3-1
電　　話　編集03-3230-5585　販売03-5281-3555
印 刷 所　大日本印刷株式会社
製 本 所　牧製本印刷株式会社

Printed in Japan　ISBN978-4-09-396515-6